U0921907

2011

中国旅游财务信息年鉴

中国旅游出版社

THE YEARBOOK OF CHINA TOURISM FINANCIAL

《中国旅游财务信息年鉴》编辑委员会

前　　言

《2011 中国旅游财务信息年鉴》是一本在 2011 年编辑的反映 2010 年度中国旅游业财务信息状况的资料性年刊。汇总范围是纳入统计范围的旅行社、旅游饭店、旅游景区和旅游集团等旅游企业。本年鉴主要对旅游企业 2010 年度财务效益、资产营运、偿债能力和发展能力等主要财务指标，人均增加值、人均财政贡献等补充财务指标进行分析评价。年鉴的出版主要是为旅游企业财务分析提供翔实的数据，同时在完善旅游产业的表征体系，全面提升旅游产业素质，推进旅游业管理深化，引导旅游企业健康发展等方面也将起到积极的作用。

2010 年是两个五年规划承上启下的一年，中央相关部门及各级地方政府贯彻落实国发〔2009〕41 号文件精神，围绕实现旅游业“两大战略目标”的工作思路，按照建设大产业、推进大融合、加快市场化、促进产业化、提升现代化的要求，加大对旅游业的扶持发展力度，形成全国旅游业发展的新格局，旅游业发展速度全面回升，旅游对外形象进一步提高。年鉴数据显示，2010 年全国旅行社、饭店、景区三大市场全部实现盈利，特别是上海世博会的成功举办，带动了长三角乃至更大范围的国内旅游发展，为旅游业的复苏注入了强心剂。

《2011 中国旅游财务信息年鉴》在旅游业欣欣向荣的大形势下出版，希望能为企业把握经营契机提供帮助，根据 2010 年度行业市场经营状况，预测经济走势，调整经营策略，保证企业经营的持续发展，为整个旅游市场的持续繁荣贡献力量。由于统计体系还不健全，现有企业数据还不能完全反映旅游业的情况，加之其他原因，《2011 中国旅游财务信息年鉴》的编辑还存在需要不断完善和改进之处，欢迎广大读者批评指正。本年鉴仅供财务研究分析参阅。

《中国旅游财务信息年鉴》编辑委员会

二〇一一年八月

目 录

财务信息报告

2010 年度中国旅游业财务信息报告……2

附表

2010 年度全国旅游行业经济效益评价主要财务指标表（全部旅游企业）……20
2010 年度全国旅游行业经济效益评价主要财务指标表（全部旅行社）……24
2010 年度全国旅游行业经济效益评价主要财务指标表（经营出境游旅行社）……28
2010 年度全国旅游行业经济效益评价主要财务指标表（经营非出境游旅行社）……32
2010 年度全国旅游行业经济效益评价主要财务指标表（全部旅游饭店）……36
2010 年度全国旅游行业经济效益评价主要财务指标表（五星级饭店）……40
2010 年度全国旅游行业经济效益评价主要财务指标表（四星级饭店）……44

2010 年度全国旅游行业经济效益评价主要财务指标表（三星级饭店）……48
2010 年度全国旅游行业经济效益评价主要财务指标表（二星级饭店）……52
2010 年度全国旅游行业经济效益评价主要财务指标表（一星级饭店）……56
2010 年度全国旅游行业经济效益评价主要财务指标表（未评星级饭店）……60
2010 年度全国旅游行业经济效益评价主要财务指标表（旅游集团）……64
2010 年度全国旅游行业经济效益评价主要财务指标表（全部旅游景区）……68
2010 年度全国旅游行业经济效益评价主要财务指标表（自然类旅游景区）……72
2010 年度全国旅游行业经济效益评价主要财务指标表（文物类旅游景区）……76
2010 年度全国旅游行业经济效益评价主要财务指标表（主题类旅游景区）……80
2010 年度全国旅游行业经济效益评价主要财务指标表（其他旅游企业）……84
2010 年度全国旅游行业经济效益评价补充财务指标表（全部旅游企业）……88
2010 年度全国旅游行业经济效益评价补充财务指标表（全部旅行社）……92
2010 年度全国旅游行业经济效益评价补充财务指标表（经营出境游旅行社）……96
2010 年度全国旅游行业经济效益评价补充财务指标表（经营非出境游旅行社）……100

2010 年度全国旅游行业经济效益评价补充财务指标表（全部旅游饭店）……104
2010 年度全国旅游行业经济效益评价补充财务指标表（五星级饭店）……108
2010 年度全国旅游行业经济效益评价补充财务指标表（四星级饭店）……112
2010 年度全国旅游行业经济效益评价补充财务指标表（三星级饭店）……116
2010 年度全国旅游行业经济效益评价补充财务指标表（二星级饭店）……120
2010 年度全国旅游行业经济效益评价补充财务指标表（一星级饭店）……124
2010 年度全国旅游行业经济效益评价补充财务指标表（未评星级饭店）……128
2010 年度全国旅游行业经济效益评价补充财务指标表（全部旅游景区）……132
2010 年度全国旅游行业经济效益评价补充财务指标表（自然类旅游景区）……136
2010 年度全国旅游行业经济效益评价补充财务指标表（文物类旅游景区）……140
2010 年度全国旅游行业经济效益评价补充财务指标表（主题类旅游景区）……144

财务信息报告

2010年度中国旅游业财务信息报告

反映2010年度全国旅游企业财务状况、经营成果的经济效益评价结果公布如下：

一、基本概况

在2010年度全国旅游行业财务信息汇编工作中，成功上报财务信息的旅游单位共25975家，其中事业单位1013家，民间非营利组织71家，旅游企业24891家。旅游企业中，旅行社14893家，占59.83%；旅游饭店7888家，占31.69%；旅游集团43家，占0.17%；旅游景区1596家，占

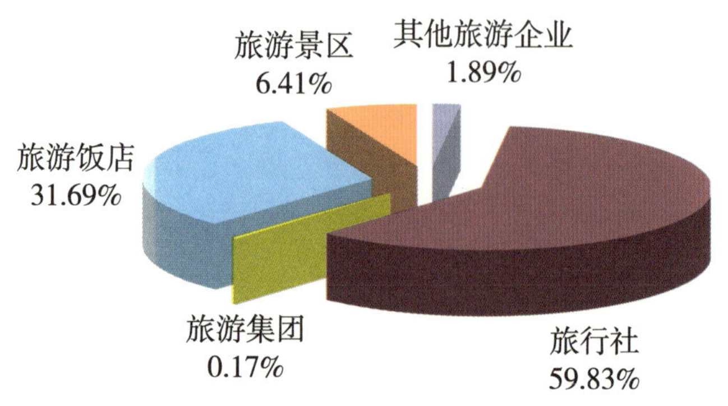

图1

6.41%；其他旅游企业 471 家，占 1.89%。见图 1（注：以下所称企业均指纳入信息汇编范围的企业）。

——按经济类型划分，国有及国有控股企业 4374 家，占 17.57%；集体企业 1693 家，占 6.80%；联营企业 821 家，占 3.30%；私营企业 17413 家，占 69.96%；外商及港澳台投资企业 590 家，占 2.37%。见图 2。

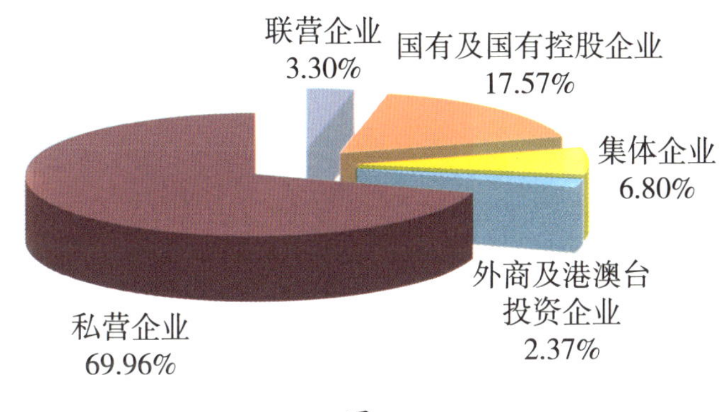

图 2

——按组织形式划分，有限责任公司 19344 家，占 77.71%；独资公司 2732 家，占 10.98%；非公有制独资公司 475 家，占 1.91%；股份有限公司 268 家（其中上市股份有限公司 33 家），占 1.08%；股份合作制企业 607 家，占 2.44%；合资或合营企业 394 家，占 1.58%；合伙企业 422 家，占 1.70%；企业化管理事业单位 649 家（多为旅游饭店和旅游景区），占 2.60%。见图 3。

——按企业类型划分，旅行社中经营出境游业务旅行社 1226 家，占 4.93%，经营非出境游旅行社 13667 家，占 54.91%；旅游饭店中五星级旅游饭店 460 家，占 1.85%，四星级旅游饭店 1555 家，占 6.25%，三星级

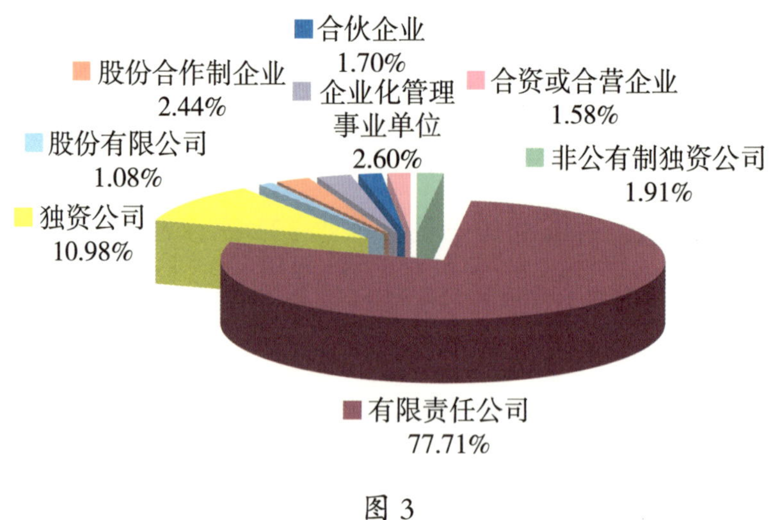

图 3

旅游饭店 3420 家，占 13.74%，二星级旅游饭店 1785 家，占 7.17%，一星级旅游饭店 86 家，占 0.35%，未评星级旅游饭店 582 家，占 2.34%；旅游景区中自然类景区 1058 家，占 4.25%，文物类景区 190 家，占 0.76%，主题类景区 348 家，占 1.40%；旅游集团 43 家，占 0.17%；其他旅游企业 471 家，占 1.89%。

——按各省、自治区、直辖市有效上报企业数量排名，前十五位的依次是浙江省 2312 家、江苏省 2151 家、山东省 1730 家、湖北省 1367 家、上海市 1338 家、河南省 1333 家、湖南省 1175 家、广东省 1052 家、四川省 1014 家、福建省 1003 家、云南省 914 家、内蒙古自治区 899 家、北京市 895 家、河北省 879 家、安徽省 789 家。见图 4。

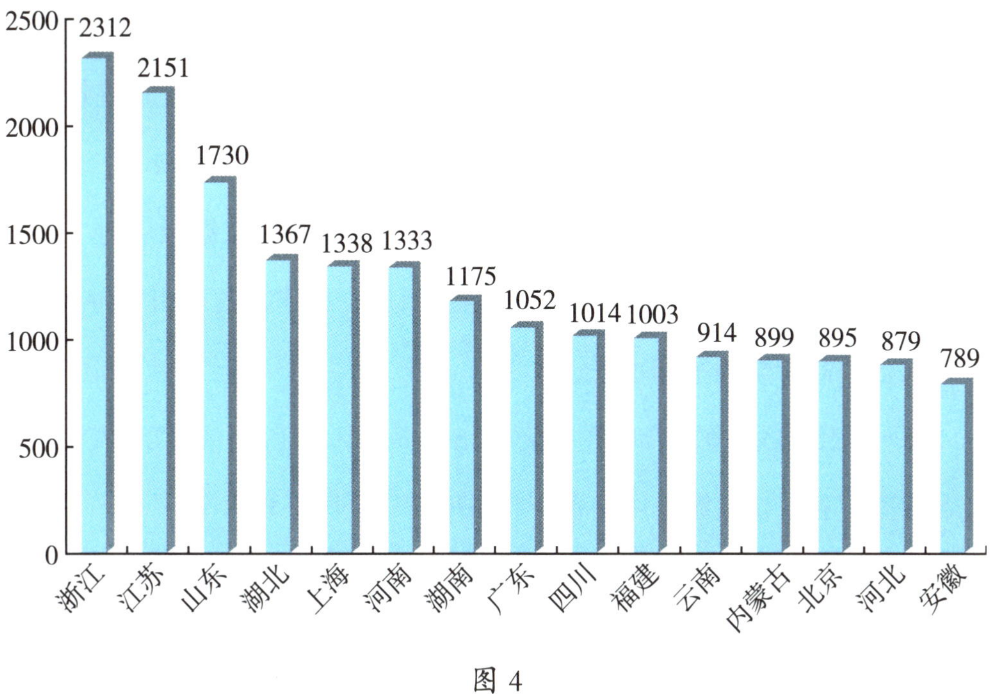

图 4

二、主要经济效益情况

（一）财务效益状况主要指标

1. 净资产收益率

指企业一定时期内的净利润同平均净资产的比率，充分体现了投资者投入企业的自有资本获取净收益的能力，突出反映了投资与报酬的关系，是评价企业资本经营效益的核心指标。2010 年度全国旅游企业净资产收益率为 4.02%。其中：

——旅行社净资产收益率为 11.99%。其中，经营出境游旅行社为 14.29%，经营非出境游旅行社为 7.88%。上海、湖南、浙江、江苏、广东、山东等省区市旅行社平均净资产收益率高于全国平均水平。

——旅游饭店净资产收益率为 2.47%。其中，五星级旅游饭店为 5.81%，四星级旅游饭店为 0.84%，三星级旅游饭店为 -0.14%，二星级旅游饭店为 1.22%，一星级旅游饭店为 3.03%，未评星级旅游饭店为 1.86%。其中，海南、上海、广东、北京、安徽、四川、福建等省区市旅游饭店净资产收益率高于全国平均水平。

——旅游集团净资产收益率为 5.15%。其中，江苏、浙江、安徽、湖北、河南等省区市旅游集团净资产收益率高于全国平均水平。

——旅游景区净资产收益率为 4.12%。其中，自然类旅游景区为 0.64%，文物类旅游景区为 12.85%，主题类旅游景区为 5.52%。甘肃、山东、宁夏、福建、上海、海南、湖南、江西、河北、广西、安徽、新疆等省区市旅游景区净资产收益率高于全国平均水平。

——其他旅游企业净资产收益率为 6.28%。其中，浙江、上海、安徽、四川、广西、湖南、福建、宁夏、江西、海南等省区市其他旅游企业净资产收益率较高。

2. 总资产报酬率

指企业一定时期内获得的报酬总额与平均资产总额的比率，其中报酬总额由利润总额和利息支出两部分组成。总资产报酬率表示企业包括净资产和负债在内的全部资产的总体获利能力，是评价企业资产运营效益的重要指标。2010 年度全国旅游企业总资产报酬率为 2.54%。其中：

——旅行社总资产报酬率为 4.85%。其中，经营出境游旅行社为 5.22%，经营非出境游旅行社为 3.95%。湖南、上海、山东、黑龙江、浙江、江苏、安徽等省区市旅行社总资产报酬率高于全国平均水平。

——旅游饭店总资产报酬率为2.07%。其中，五星级旅游饭店为3.81%，四星级旅游饭店为1.32%，三星级旅游饭店为0.64%，二星级旅游饭店为1.46%，一星级旅游饭店为1.89%，未评星级旅游饭店为1.42%。海南、上海、广东、北京、浙江、四川、湖南、安徽等省区市旅游饭店总资产报酬率高于全国平均水平。

——旅游集团总资产报酬率为2.45%。其中，江苏、浙江、湖北、河南、安徽等省区市旅游集团总资产报酬率高于全国平均水平。

——旅游景区总资产报酬率为2.53%。其中，自然类旅游景区为0.97%，文物类旅游景区为7.86%，主题类旅游景区为2.94%。甘肃、山东、宁夏、海南、福建、湖南、江西、广西、上海、安徽、新疆、云南等省区市旅游景区总资产报酬率高于全国平均水平。

——其他旅游企业总资产报酬率为3.77%。其中，上海、浙江、安徽、四川、广西、宁夏、福建、江西、湖南等省区市其他旅游企业总资产报酬率高于全国平均水平。

3. 销售（营业）利润率

指企业一定时期主营业务利润同主营业务收入净额的比率。它表明企业每单位销售（营业）收入能带来多少销售（营业）利润，反映了企业主营业务的获利能力，是评价企业经营效益的主要指标。2010年度全国旅游企业销售（营业）利润率为2.51%。其中：

——旅行社销售（营业）利润率为1.33%。其中，经营出境游旅行社为1.60%，经营非出境游旅行社为0.78%。上海、山东、北京、黑龙江、内蒙古等省区市旅行社平均净资产收益率高于全国平均水平。

——旅游饭店销售（营业）利润率为 1.51%。其中，五星级旅游饭店为 8.24%，四星级旅游饭店为 –1.02%，三星级旅游饭店为 –2.79%，二星级旅游饭店为 –1.40%，一星级旅游饭店为 –1.35%，未评星级旅游饭店为 0.94%。海南、上海、广东、北京、贵州、福建等省区市旅游饭店销售（营业）利润率高于全国平均水平。

——旅游集团销售（营业）利润率为 5.22%。其中，安徽、湖北、浙江等 3 个省区市旅游集团销售（营业）利润率高于全国平均水平。

——旅游景区销售（营业）利润率为 9.07%。其中，自然类旅游景区为 0.94%，文物类旅游景区为 20.94%，主题类旅游景区为 11.61%。甘肃、海南、山东、上海、宁夏、福建、广西、新疆、湖南、江西、云南、四川、浙江等省区市旅游景区销售（营业）利润率高于全国平均水平。

——其他旅游企业销售（营业）利润率为 6.95%。其中，江西、广西、安徽、四川、浙江、云南、上海等省区市其他旅游企业销售（营业）利润率高于全国平均水平。

4. 成本费用利润率

指企业一定时期的营业利润同企业成本费用总额的比率，表示企业为取得利润而付出的代价，从企业支出方面补充评价企业的收益能力。2010 年度全国旅游企业成本费用利润率为 2.97%。其中：

——旅行社成本费用利润率为 1.43%。其中，经营出境游旅行社为 1.70%，经营非出境游旅行社为 0.90%。上海、北京、黑龙江、山东等省区市旅行社成本费用利润率高于全国平均水平。

——旅游饭店成本费用利润率为1.94%。其中，五星级旅游饭店为9.40%，四星级旅游饭店为-0.90%，三星级旅游饭店为-2.09%，二星级旅游饭店为-0.97%，一星级旅游饭店为0.26%，未评星级旅游饭店为1.71%。海南、上海、广东、北京、贵州、福建、安徽等省区市旅游饭店成本费用利润率高于全国平均水平。

——旅游集团成本费用利润率为6.02%。其中，安徽、湖北、浙江等省区市旅游集团成本费用利润率高于全国平均水平。

——旅游景区成本费用利润率为12.39%。其中，自然类旅游景区为5.11%，文物类旅游景区为27.46%，主题类旅游景区为14.24%。甘肃、海南、山东、广西、宁夏、上海、福建、新疆、浙江、江西、湖南、云南等省区市旅游景区成本费用利润率高于全国平均水平。

——其他旅游企业成本费用利润率为7.89%。其中，江西、广西、安徽、福建、四川、浙江、上海、云南等省区市其他旅游企业成本费用利润率高于全国水平。

（二）资产营运状况主要指标

1. 总资产周转率

指企业一定时期主营业务收入净额同平均资产总额的比值，是综合评价企业全部资产经营质量和利用效率的重要指标。2010年度全国旅游企业总资产周转率为0.66次。其中：

——旅行社总资产周转率为3.84次。其中，经营出境游旅行社为3.68次，经营非出境游旅行社总资产周转率为4.23次。

——旅游饭店总资产周转率为 0.40 次。其中，五星级旅游饭店为 0.36 次，四星级旅游饭店为 0.39 次，三星级旅游饭店为 0.45 次，二星级旅游饭店为 0.45 次，一星级旅游饭店为 0.65 次，未评星级旅游饭店为 0.47 次。

——旅游集团总资产周转率为 0.56 次。

——旅游景区总资产周转率为 0.22 次。其中，自然类旅游景区为 0.19 次，文物类旅游景区为 0.37 次，主题类旅游景区为 0.21 次。

——其他旅游企业总资产周转率为 0.46 次。

2. 流动资产周转率

指企业一定时期主营业务收入净额同平均流动资产总额的比值。流动资产周转率是评价企业资产利用效率的另一主要指标。2010 年度全国旅游企业流动资产周转率为 1.89 次。其中：

——旅行社流动资产周转率为 5.38 次。其中，经营出境游旅行社为 5.36 次，经营非出境游旅行社为 5.41 次。

——旅游饭店流动资产周转率为 1.38 次。其中，五星级旅游饭店为 1.29 次，四星级旅游饭店为 1.33 次，三星级旅游饭店为 1.47 次，二星级旅游饭店为 1.50 次，一星级旅游饭店为 2.76 次，未评星级旅游饭店为 1.68 次。

——旅游集团流动资产周转率为 1.27 次。

——旅游景区流动资产周转率为 0.73 次。其中，自然类旅游景区为 0.61 次，文物类旅游景区为 0.85 次，主题类旅游景区为 0.84 次。

——其他旅游企业流动资产周转率为 1.33 次。

3. 存货周转率

指企业一定时期销售成本与平均存货的比率，是对流动资产周转率的补充说明。2010 年度全国旅游企业平均存货周转率为 3.98 次。

4. 应收账款周转率

指企业一定时期内销售（营业）收入净额同平均应收账款余额的比率，是对流动资产周转率的补充说明。2010 年度全国旅游企业应收账款周转率为 18.24 次。其中：

——旅行社应收账款周转率为 23.83 次。其中，经营出境游旅行社为 28.79 次，经营非出境游旅行社为 15.90 次。

——旅游饭店应收账款周转率为 14.93 次。其中，五星级旅游饭店为 25.86 次，四星级旅游饭店为 15.21 次，三星级旅游饭店为 9.91 次，二星级旅游饭店为 6.78 次，一星级旅游饭店为 8.56 次，未评星级旅游饭店为 21.16 次。

——旅游集团应收账款周转率为 45.83 次。

——旅游景区应收账款周转率为 6.52 次。其中，自然类旅游景区为 8.52 次，文物类旅游景区为 10.48 次，主题类旅游景区为 4.92 次。

——其他旅游企业应收账款周转率为 17.07 次。

（三）偿债能力状况主要指标

1. 资产负债率

指企业一定时期负债总额同资产总额的比率，是评价企业负债水平的综合指标。2010 年度全国旅游企业资产负债率为 65.01%。其中：

——旅行社资产负债率为65.87%。其中，经营出境游旅行社为67.43%，经营非出境游旅行社为62.21%。

——旅游饭店资产负债率为68.67%。其中，五星级旅游饭店为65.84%，四星级旅游饭店为71.42%，三星级旅游饭店为69.20%，二星级旅游饭店为65.89%，一星级旅游饭店为55.49%，未评星级旅游饭店为69.69%。

——旅游集团资产负债率为65.15%。

——旅游景区资产负债率为56.94%。其中，自然类旅游景区为55.61%，文物类旅游景区为46.40%，主题类旅游景区为60.51%。

——其他旅游企业资产负债率为54.49%。

2. 流动比率

指企业一定时期流动资产同流动负债的比率，用以衡量企业短期债务偿还能力，评价企业偿债能力强弱。2010年度全国旅游企业流动比率为80.32%。其中：

——旅行社流动比率为119.17%。其中，经营出境游旅行社为112.97%，经营非出境游旅行社为134.60%。

——旅游饭店流动比率为66.27%。其中，五星级旅游饭店为76.70%，四星级旅游饭店为63.68%，三星级旅游饭店为60.20%，二星级旅游饭店为58.92%，一星级旅游饭店为53.55%，未评星级旅游饭店为62.78%。

——旅游集团流动比率为101.00%。

——旅游景区流动比率为82.55%。其中，自然类旅游景区为89.17%，文物类旅游景区为126.67%，主题类旅游景区为68.70%。

——其他旅游企业流动比率为91.36%。

3. 速动比率

指企业一定时期的速动资产同流动负债的比率，用以衡量企业的短期偿债能力，评价企业流动资产变现能力的强弱。2010年度全国旅游企业速动比率为67.74%。其中：

——旅行社速动比率为102.24%。其中，经营出境游旅行社为101.25%，经营非出境游旅行社为108.72%。

——旅游饭店速动比率为60.51%。其中，五星级旅游饭店为67.80%，四星级旅游饭店为59.46%，三星级旅游饭店为55.30%，二星级旅游饭店为52.46%，一星级旅游饭店为44.12%，未评星级旅游饭店为59.46%。

——旅游集团速动比率为74.41%。

——旅游景区速动比率为74.17%。其中，自然类旅游景区为83.10%，文物类旅游景区为124.24%，主题类旅游景区为59.08%。

——其他旅游企业速动比率为68.08%。

4. 长期资产适合率

指企业所有者权益与长期负债之和同固定资产与长期投资之和的比率，从企业资源配置结构方面反映了企业财务结构的稳定程度及财务风险大小。2010年度全国旅游企业长期资产适合率为138.47%。其中：

——旅行社长期资产适合率为184.78%。其中，经营出境游旅行社为171.28%，经营非出境游旅行社为225.15%。

——旅游饭店长期资产适合率为122.09%。其中，五星级旅游饭店为

127.97%，四星级旅游饭店为 122.08%，三星级旅游饭店为 117.16%，二星级旅游饭店为 105.96%，一星级旅游饭店为 92.81%，未评星级旅游饭店为 118.70%。

——旅游集团长期资产适合率为 148.56%。

——旅游景区长期资产适合率为 164.57%。其中，自然类旅游景区为 166.64%，文物类旅游景区为 214.16%，主题类旅游景区为 153.87%。

——其他旅游企业长期资产适合率为 191.93%。

（四）发展能力状况主要指标

1. 销售增长率

指企业本年主营业务收入增长额同上年主营业务收入总额的比率，是评价企业成长状况和发展能力的重要指标。2010 年度，全国旅游企业销售增长率为 29.08%。其中：

——旅行社销售增长率为 40.09%。其中，经营出境游旅行社为 42.02%，经营非出境游旅行社为 36.28%。

——旅游饭店销售增长率为 19.33%。其中，五星级旅游饭店为 24.24%，四星级旅游饭店为 17.42%，三星级旅游饭店为 13.06%，二星级旅游饭店为 7.16%，一星级旅游饭店为 7.85%，未评星级旅游饭店为 44.88%。

——旅游集团销售增长率为 27.95%。

——旅游景区销售增长率为 21.25%。其中，自然类旅游景区为 19.35%，文物类旅游景区为 19.47%，主题类旅游景区为 23.48%。

——其他旅游企业销售增长率为 20.19%。

2. 资本积累率

指企业本年所有者权益增长额同年初所有者权益的比率，表示企业当年资本的积累能力，是评价企业发展潜力的重要指标。2010年度全国旅游企业资本积累率为8.45%。其中：

——旅行社资本积累率为12.65%。其中，经营出境游旅行社为14.56%，经营非出境游旅行社为8.98%。

——旅游饭店资本积累率为3.88%。其中，五星级旅游饭店为5.98%，四星级旅游饭店为3.25%，三星级旅游饭店为1.75%，二星级旅游饭店为-1.00%，一星级旅游饭店为0.85%，未评星级旅游饭店为6.40%。

——旅游集团资本积累率为7.90%。

——旅游景区资本积累率为17.30%。其中，自然类旅游景区为15.82%，文物类旅游景区为31.57%，主题类旅游景区为15.44%。

——其他旅游企业资本积累率为16.30%。

3. 总资产增长率

指企业本年总资产增加额同年初资产总额的比率，用以衡量企业本期资产规模的增长情况，评价企业经营规模总量上的扩张程度。2010年度全国旅游企业总资产增长率为11.02%。其中：

——旅行社总资产增长率为25.20%。其中，经营出境游旅行社为27.01%，经营非出境游旅行社为21.07%。

——旅游饭店总资产增长率为5.82%。其中，五星级旅游饭店为6.77%，四星级旅游饭店为5.85%，三星级旅游饭店为5.12%，二星级旅游饭店为1.33%，一星级旅游饭店为-1.38%，未评星级旅游饭店为6.16%。

——旅游集团总资产增长率为 14.77%。

——旅游景区总资产增长率为 16.79%。其中，自然类旅游景区为 17.77%，文物类旅游景区为 26.90%，主题类旅游景区为 14.07%。

——其他旅游企业总资产增长率为 19.64%。

（五）分项补充指标

1. 人均增加值（全员劳动生产率）

指旅游企业在一定时间内向游客提供旅游服务过程中所创造的增加价值，反映了企业创造社会价值的能力。按统计口径，增加值是企业固定资产折旧、劳动者报酬、生产税净额、营业盈余之和。2010 年度全国旅游企业人均增加值为 68098 元。其中，旅行社人均增加值为 56213 元，旅游饭店人均增加值为 63359 元，旅游景区人均增加值为 78811 元，旅游集团人均增加值为 103500 元，其他旅游企业人均增加值为 75115 元。

2. 人均财政贡献

旅游行业财政贡献是旅游企业在一定时期内向游客提供旅游服务过程中所创造的财政贡献，反映了企业向国家纳税的能力。按统计口径，财政贡献是企业各项税费之和。2010 年度全国旅游企业人均财政贡献为 14317 元。其中，旅行社人均财政贡献为 11570 元，旅游饭店人均财政贡献为 11898 元，旅游景区人均财政贡献为 16682 元，旅游集团人均财政贡献为 29827 元，其他旅游企业人均财政贡献为 19209 元。

3. 旅行社补充指标

2010 年全国旅行社入境旅游收入比率为 12.32%，国内旅游收入比率为61.55%，出境旅游收入比率为26.13%，旅行社自联入境旅游收入比率为5.83%。旅行社国内旅游收入毛利率为6.86%，旅行社出境旅游收入毛利率为5.81%。

4. 旅游饭店补充指标

2010年全国旅游饭店平均客房出租率为60.98%，旅游饭店平均房价312元。旅游饭店房费收入比率为44.26%，餐饮收入比率为42.65%，商品收入比率为2.19%，娱乐收入比率为1.45%。旅游饭店餐饮收入毛利率为49.76%，商品收入毛利率为35.50%，娱乐收入毛利率为70.82%。

5. 旅游景区补充指标

2010年全国旅游景区门票收入比率为59.56%，餐饮收入比率为8.28%，商品收入比率为7.51%，娱乐收入比率为3.39%，其他旅游收入比率为21.26%。旅游景区餐饮收入毛利率为41.74%，商品收入毛利率为44.51%，娱乐收入毛利率为54.50%。旅游景区平均门票价格为29.58元。

（六）综合情况

综合上述考核指标及2010年度全国旅游业实际情况，2010年度全国旅游企业呈现以下特点：

1. 实现全行业盈利

2010年度，随着国际金融形势好转，旅游市场复苏明显。特别是世博会的召开和两岸四地旅游交流合作的深化，促进了国内旅游和港澳台地区的旅游发展。从财务效益各项指标考核结果来看，旅行社、旅游集团、旅游景区、其他旅游企业在2010年度均实现持续盈利，旅游饭店实现扭亏为盈。

2. 世博会在上海的成功举办，带动了相关地区旅游业的发展

2010 年度上海各类饭店的销售增长率在 50% 以上，远超全国其他地区，江苏、浙江等省区市旅行社的销售增长率也在 50% 以上，位于全国前列，充分显示世博会对举办地及周边地区旅游业的拉动效应。

3. 高星级饭店盈利能力增强

越来越多的客人选择品质、环境、服务更好的高端酒店的趋势以及商务会议、会展的快速发展，使得高星级饭店的销售增长率超过其他各类饭店。因此呈现出全国各地五星级饭店平均房价是当地四星级饭店的一倍左右，是当地三星级饭店的两倍左右，而客房出租率均在 60% 左右的现象。

4. 旅游集团整体盈利能力较强

相对于单一旅游企业，旅游集团在资产规模、产品结构、资金实力、资源整合各方面具有较大的优势，从财务效益、资产营业、偿债能力、发展能力等指标综合考核结果看，旅游集团的综合盈利能力要高于旅游景点和旅游饭店。

附表

2010 年度全国旅游行业经济效益

地　区	财务效益状况				资产营运状况		
	净资产收益率(%)	总资产报酬率(%)	销售(营业)利润率(%)	成本费用利润率(%)	总资产周转率(%)	流动资产周转率(%)	存　货周转率(次)
全　国	4.02	2.54	2.51	2.97	65.52	188.56	3.98
北　京	4.70	2.56	2.74	2.95	96.68	233.87	3.39
天　津	0.87	1.05	-3.83	-2.46	63.15	187.73	7.15
河　北	0.48	0.45	-3.08	-3.14	38.12	157.40	8.79
山　西	-1.24	0.05	-3.70	-3.82	62.14	194.17	6.03
内蒙古	2.21	1.33	1.06	0.88	39.22	117.54	5.05
辽　宁	-1.62	-0.38	-6.18	-4.44	43.05	169.58	5.02
吉　林	-0.43	0.44	-3.94	-2.50	36.53	100.61	4.41
黑龙江	1.67	1.16	-1.17	-0.47	45.14	166.41	5.08
上　海	8.13	4.69	6.65	7.27	74.51	220.13	4.56
江　苏	1.00	1.23	0.22	0.51	63.40	188.65	6.73
浙　江	6.71	3.56	3.71	4.48	58.82	155.60	3.90
安　徽	6.86	3.46	7.49	9.37	52.17	134.26	2.30
福　建	4.64	2.81	3.18	3.75	74.63	215.83	5.81
江　西	2.20	1.90	3.21	3.38	69.03	195.65	3.37
山　东	6.20	4.23	4.13	5.83	66.67	177.47	4.24

评价主要财务指标表（全部旅游企业）

	偿债能力状况				发展能力状况		
应收账款周转率(次)	资产负债率(%)	流动比率(%)	速动比率(%)	长期资产适合率(%)	销售增长率(%)	资本积累率(%)	总资产增长率(%)
18.24	65.01	80.32	67.74	138.47	29.08	8.45	11.02
19.69	69.59	86.52	64.47	152.54	26.93	1.91	6.97
10.89	69.18	60.80	56.21	118.01	28.63	7.05	7.73
9.14	75.82	41.00	36.57	91.42	22.33	3.06	9.69
9.37	73.63	58.61	51.39	100.90	27.07	–0.47	6.28
5.64	61.74	79.52	73.01	132.13	20.69	7.39	14.54
14.85	74.78	48.40	43.13	104.82	20.13	8.92	4.26
9.94	62.33	83.22	77.20	134.67	2.37	38.74	18.54
9.90	59.44	53.91	40.81	94.12	12.43	2.70	0.24
28.33	55.71	88.46	77.92	131.41	43.31	5.80	6.62
15.72	69.44	75.85	65.84	135.79	36.35	7.86	14.92
28.74	68.49	87.51	74.27	151.20	31.35	20.37	20.08
14.34	59.81	106.55	82.46	170.35	30.35	15.21	19.03
15.52	58.40	93.06	83.39	152.38	27.28	7.79	10.52
15.94	53.23	89.90	66.99	145.97	22.92	4.69	2.34
14.64	57.74	83.83	74.91	140.74	23.66	6.71	8.10

地 区	财务效益状况				资产营运状况		
	净资产收益率(%)	总资产报酬率(%)	销售(营业)利润率(%)	成本费用利润率(%)	总资产周转率(%)	流动资产周转率(%)	存 货周转率(次)
河 南	-0.76	0.52	-2.95	-2.61	45.07	171.24	5.80
湖 北	1.88	1.49	0.01	0.38	61.36	219.37	4.50
湖 南	4.43	3.42	2.71	2.96	67.52	225.35	3.79
广 东	4.71	2.47	1.98	2.30	77.37	206.34	7.72
广 西	2.95	2.62	2.15	2.68	53.27	190.87	7.95
海 南	7.91	4.49	7.56	8.26	65.93	162.55	2.40
重 庆	1.16	1.14	0.05	1.04	42.88	139.54	4.16
四 川	2.38	2.16	2.03	2.27	42.34	137.40	3.20
贵 州	-0.02	0.84	0.81	1.30	89.70	279.70	6.31
云 南	2.13	1.75	1.74	2.43	53.90	166.10	1.35
陕 西	-0.81	0.87	-0.87	-0.30	51.73	136.97	2.36
甘 肃	2.46	1.55	1.57	2.61	42.90	149.60	3.41
青 海	-1.87	-0.80	-1.50	-2.28	41.64	125.64	3.24
宁 夏	3.23	2.37	1.17	2.23	50.25	196.92	5.87
新 疆	-1.29	-0.44	-1.75	-1.43	43.13	163.91	4.03
西 藏	-0.18	-0.13	-7.97	-0.65	7.72	98.74	1.30

续表

	偿债能力状况				发展能力状况		
应收账款周转率(次)	资产负债率(%)	流动比率(%)	速动比率(%)	长期资产适合率(%)	销售增长率(%)	资本积累率(%)	总资产增长率(%)
7.45	66.64	55.79	46.49	113.74	16.72	18.86	13.72
21.15	61.96	74.42	63.96	136.44	44.62	7.32	17.11
17.96	61.59	72.27	59.02	116.86	30.73	5.49	5.89
25.67	73.37	83.39	79.29	152.26	27.62	1.04	5.41
13.08	58.00	83.82	71.75	134.15	17.88	24.05	13.64
13.79	84.53	67.56	53.42	120.97	18.83	7.15	18.13
24.07	59.18	93.98	87.32	255.05	30.44	13.61	22.62
16.06	63.98	82.69	73.82	121.52	27.10	0.94	6.98
22.40	66.37	68.99	58.28	113.58	17.51	11.73	4.42
16.38	50.26	91.30	63.92	141.60	10.55	13.93	9.98
14.32	75.79	73.49	57.33	112.79	27.57	8.55	12.26
7.50	49.68	78.91	68.28	117.94	15.29	6.39	4.66
6.91	49.44	90.27	78.38	114.46	21.00	20.56	22.43
16.54	55.51	72.13	65.72	114.11	23.25	15.95	13.38
18.22	61.13	61.83	51.29	97.17	47.45	4.12	8.71
4.84	24.49	63.73	50.70	100.15	5.06	2.42	3.25

2010 年度全国旅游行业经济效益

地　区	财务效益状况				资产营运状况		
	净资产收益率(%)	总资产报酬率(%)	销售(营业)利润率(%)	成本费用利润率(%)	总资产周转率(%)	流动资产周转率(%)	存　货周转率(次)
全　国	11.99	4.85	1.33	1.43	384.38	537.86	—
北　京	10.69	3.81	1.75	1.94	297.60	428.19	—
天　津	2.90	1.73	–0.57	–0.37	358.17	575.20	—
河　北	2.24	1.75	0.58	0.56	385.95	457.93	—
山　西	0.67	0.41	–0.06	–0.06	342.48	428.22	—
内蒙古	5.64	3.88	1.37	1.39	344.82	461.02	—
辽　宁	9.02	4.66	0.80	0.84	582.19	713.04	—
吉　林	1.99	1.38	0.20	0.16	270.48	334.25	—
黑龙江	10.24	6.07	1.51	1.84	222.42	302.27	—
上　海	25.31	8.54	2.71	2.81	331.73	452.09	—
江　苏	13.70	5.60	1.13	1.24	492.01	728.22	—
浙　江	15.16	5.95	1.19	1.38	510.62	682.28	—
安　徽	8.42	4.86	1.09	0.90	487.72	656.81	—
福　建	7.47	3.72	0.82	0.97	430.55	722.22	—
江　西	3.82	2.21	0.23	0.51	484.99	617.74	—
山　东	13.56	6.57	1.77	1.51	381.89	670.65	—

评价主要财务指标表（全部旅行社）

	偿债能力状况				发展能力状况		
应收账款周转率(次)	资产负债率(%)	流动比率(%)	速动比率(%)	长期资产适合率(%)	销售增长率(%)	资本积累率(%)	总资产增长率(%)
23.83	65.87	119.17	102.24	184.78	40.09	12.65	25.20
19.72	64.93	117.64	96.51	189.31	33.50	8.60	30.72
25.39	70.07	85.34	78.54	92.53	46.80	10.98	24.00
20.77	31.31	271.43	197.63	336.44	48.97	5.60	12.16
15.63	50.94	164.47	130.71	317.18	51.18	0.07	14.31
15.39	39.66	192.43	161.77	285.45	38.87	6.80	24.83
36.13	52.25	158.90	130.44	268.36	30.98	7.68	-6.51
12.20	49.93	172.96	129.54	381.34	18.64	1.57	9.99
18.23	75.45	113.47	77.56	149.06	6.79	5.65	20.43
22.11	69.24	110.92	101.15	141.29	38.02	18.38	36.15
30.75	71.16	108.62	72.92	136.10	57.42	17.76	28.44
26.69	66.24	119.80	107.77	185.08	51.83	21.21	35.95
18.49	50.28	156.52	142.57	232.43	32.10	6.18	17.10
27.25	57.79	112.37	101.35	190.80	40.90	14.01	19.30
21.68	48.64	184.61	171.22	282.27	32.37	9.87	18.93
31.76	59.34	98.70	66.07	185.63	46.01	65.03	4.08

地　区	财务效益状况				资产营运状况		
	净资产收益率(%)	总资产报酬率(%)	销售(营业)利润率(%)	成本费用利润率(%)	总资产周转率(%)	流动资产周转率(%)	存　货周转率(次)
河　南	4.39	3.19	0.75	0.89	364.89	453.94	—
湖　北	6.45	3.61	0.86	0.88	367.35	623.10	—
湖　南	19.01	11.20	1.10	1.15	1085.67	1339.23	—
广　东	13.64	4.65	1.08	1.21	429.86	545.55	—
广　西	0.68	0.47	–0.28	–0.22	562.59	705.68	—
海　南	–0.85	–0.16	–0.33	–0.42	336.63	385.94	—
重　庆	5.21	2.01	0.05	0.16	524.98	744.95	—
四　川	3.23	1.98	0.43	0.41	468.05	670.10	—
贵　州	–3.60	–1.84	–1.73	–1.56	508.06	626.55	—
云　南	6.26	2.69	0.44	0.51	461.83	650.38	—
陕　西	1.89	1.03	–0.10	–0.09	490.72	587.30	—
甘　肃	1.79	1.38	0.65	0.51	200.75	290.99	—
青　海	–2.18	–1.14	–0.68	–0.84	198.47	278.06	—
宁　夏	–0.91	–0.25	–0.09	0.10	543.71	698.81	—
新　疆	5.00	2.90	0.34	0.49	395.66	520.77	—
西　藏	—	—	—	—	—	—	—

续表

	偿债能力状况				发展能力状况		
应收账款周转率(次)	资产负债率(%)	流动比率(%)	速动比率(%)	长期资产适合率(%)	销售增长率(%)	资本积累率(%)	总资产增长率(%)
18.40	36.49	236.35	172.57	401.08	39.53	6.27	8.70
47.88	55.66	117.39	94.16	155.38	79.07	2.06	19.75
56.10	50.16	167.07	138.54	346.04	69.17	22.55	45.48
32.73	73.43	124.81	128.11	256.18	35.85	4.75	14.22
22.41	76.23	115.51	102.72	272.17	27.59	1.75	13.35
12.35	118.43	136.07	83.92	420.03	21.64	23.13	29.81
39.36	77.41	89.23	92.54	158.72	46.80	57.40	0.57
30.83	53.15	145.22	132.59	210.52	49.43	1.91	19.26
21.95	65.57	139.11	138.18	393.38	33.68	−0.25	−1.23
17.35	68.12	111.89	74.75	142.72	11.31	7.95	14.10
16.65	61.43	143.55	134.93	445.95	37.17	8.29	17.26
8.56	49.59	154.99	160.03	192.26	32.00	−1.10	8.03
8.48	52.15	145.69	150.99	195.58	26.19	11.12	19.89
22.64	64.87	135.03	140.02	291.94	44.50	2.38	10.66
23.66	58.18	133.26	119.14	228.27	100.43	6.48	4.78
—	—	—	—	—	—	—	—

2010 年度全国旅游行业经济效益

地区	财务效益状况				资产营运状况		
	净资产收益率(%)	总资产报酬率(%)	销售(营业)利润率(%)	成本费用利润率(%)	总资产周转率(%)	流动资产周转率(%)	存货周转率(次)
全国	14.29	5.22	1.60	1.70	368.02	536.36	—
北京	10.49	3.69	1.78	1.98	291.28	426.68	—
天津	3.10	2.05	–0.75	–0.84	445.51	596.68	—
河北	0.04	0.03	0.42	0.39	508.99	610.49	—
山西	2.58	1.19	0.15	0.18	414.69	504.13	—
内蒙古	9.95	5.43	1.98	2.04	418.78	520.92	—
辽宁	11.75	5.80	0.92	0.94	804.58	1055.58	—
吉林	–0.48	–0.21	–0.72	–0.68	346.89	492.42	—
黑龙江	15.36	8.07	1.92	1.96	437.87	503.24	—
上海	29.22	11.90	4.36	4.40	287.60	477.61	—
江苏	14.51	4.01	0.76	0.81	552.74	709.50	—
浙江	19.70	6.11	1.57	1.77	436.18	581.32	—
安徽	12.40	5.38	1.11	1.30	422.58	576.29	—
福建	10.60	4.91	1.16	1.30	460.12	835.13	—
江西	5.97	2.71	0.82	0.74	551.69	649.42	—
山东	19.56	7.95	2.32	1.96	373.10	776.11	—

评价主要财务指标表（经营出境游旅行社）

	偿债能力状况				发展能力状况		
应收账款周转率(次)	资产负债率(%)	流动比率(%)	速动比率(%)	长期资产适合率(%)	销售增长率(%)	资本积累率(%)	总资产增长率(%)
28.79	67.43	112.97	101.25	171.28	42.02	14.56	27.01
21.19	64.54	116.89	96.06	182.88	34.28	8.25	31.61
28.04	76.77	95.80	93.31	158.46	51.00	10.25	9.26
29.62	46.83	177.72	147.90	370.58	39.40	5.93	7.51
17.02	61.92	143.91	132.21	416.88	48.59	–0.29	23.78
20.64	51.39	163.09	170.24	469.94	49.88	3.88	53.16
42.95	55.25	145.09	133.35	249.84	28.11	12.14	21.06
17.87	70.09	110.09	74.70	270.13	27.89	0.01	3.48
22.46	60.98	148.56	153.01	618.63	7.89	8.69	26.22
55.10	61.86	105.66	97.38	120.91	53.26	23.26	41.77
31.74	76.86	105.46	97.91	130.56	56.89	23.57	26.48
24.24	72.32	106.77	104.38	157.91	50.83	27.49	40.13
32.13	62.84	129.32	130.12	199.50	8.49	–2.07	28.76
34.11	59.34	103.92	100.52	186.25	44.60	17.73	21.38
37.19	54.95	157.32	158.14	338.30	33.67	2.80	27.51
39.23	63.11	76.82	59.62	145.48	55.42	134.39	–1.46

地区	财务效益状况				资产营运状况		
	净资产收益率(%)	总资产报酬率(%)	销售(营业)利润率(%)	成本费用利润率(%)	总资产周转率(%)	流动资产周转率(%)	存货周转率(次)
河南	5.19	2.30	0.26	0.35	689.64	903.78	—
湖北	3.04	1.69	0.55	0.58	300.24	598.47	—
湖南	42.21	20.72	1.24	1.30	1807.07	2446.95	—
广东	12.95	4.19	1.07	1.18	412.10	524.40	—
广西	0.36	0.43	-0.40	-0.38	792.34	971.57	—
海南	-1.34	0.10	-0.48	-0.75	232.52	275.36	—
重庆	6.70	2.42	0.19	0.26	454.67	619.14	—
四川	11.10	4.54	0.56	0.58	697.32	792.63	—
贵州	-12.63	-6.81	-2.39	-2.19	685.87	931.93	—
云南	4.43	1.80	0.37	0.40	575.72	775.61	—
陕西	6.95	2.47	0.28	0.33	532.90	666.34	—
甘肃	-1.20	0.02	-0.05	-0.30	154.38	258.29	—
青海	0.14	0.34	0.29	0.20	164.39	213.90	—
宁夏	18.03	7.85	0.61	0.84	963.09	1093.66	—
新疆	5.87	3.30	0.37	0.58	414.91	565.24	—
西藏	—	—	—	—	—	—	—

续表

	偿债能力状况				发展能力状况		
应收账款周转率(次)	资产负债率(%)	流动比率(%)	速动比率(%)	长期资产适合率(%)	销售增长率(%)	资本积累率(%)	总资产增长率(%)
30.98	61.34	140.19	115.81	275.59	51.05	10.67	15.64
90.99	61.07	93.53	83.00	113.73	87.53	-7.55	19.20
125.53	58.52	132.89	130.89	225.62	89.83	41.89	69.58
35.73	74.64	123.85	128.47	255.27	34.66	4.62	14.26
53.07	82.75	110.22	94.15	392.52	52.98	0.36	20.62
10.11	211.06	112.53	73.32	280.70	27.99	84.69	48.55
48.12	79.91	86.88	95.45	168.96	42.82	116.01	-5.19
35.25	67.59	136.33	144.07	427.58	55.37	11.54	26.87
30.25	81.30	100.68	142.39	282.19	35.74	-12.03	-18.85
24.39	66.56	114.90	107.73	167.65	12.67	6.14	18.26
20.12	76.49	109.75	118.11	412.24	35.69	29.63	23.16
12.72	54.21	131.48	164.53	148.99	26.41	-6.92	8.15
6.40	75.30	124.02	145.78	250.48	39.88	-1.11	11.72
71.48	90.27	95.20	143.79	430.56	76.11	19.82	-1.18
29.20	60.58	121.49	119.92	180.11	88.95	10.16	1.11
—	—	—	—	—	—	—	—

2010 年度全国旅游行业经济效益

地　区	财务效益状况				资产营运状况		
	净资产收益率(%)	总资产报酬率(%)	销售(营业)利润率(%)	成本费用利润率(%)	总资产周转率(%)	流动资产周转率(%)	存　货周转率(次)
全　国	7.88	3.95	0.78	0.90	422.76	540.93	—
北　京	14.00	6.24	1.39	1.40	405.39	447.62	—
天　津	2.77	1.43	–0.32	0.29	278.79	546.62	—
河　北	2.58	2.07	0.64	0.62	358.94	424.84	—
山　西	–0.12	–0.03	–0.23	–0.24	301.92	383.64	—
内蒙古	4.60	3.38	1.04	1.03	313.63	432.98	—
辽　宁	5.87	3.20	0.44	0.54	319.91	363.33	—
吉　林	2.79	2.12	0.99	0.91	225.94	259.52	—
黑龙江	1.43	1.09	–0.32	1.27	65.71	103.07	—
上　海	14.59	3.44	0.98	1.14	396.29	427.82	—
江　苏	13.24	7.44	1.66	1.83	424.95	756.92	—
浙　江	11.70	5.75	0.88	1.06	595.92	798.61	—
安　徽	7.37	4.67	1.09	0.79	511.73	686.09	—
福　建	1.02	0.58	–0.30	–0.11	354.61	497.89	—
江　西	2.82	1.87	–0.18	0.36	446.21	596.77	—
山　东	5.60	3.60	0.41	0.40	406.54	498.90	—

评价主要财务指标表（经营非出境游旅行社）

	偿债能力状况				发展能力状况		
应收账款周转率(次)	资 产负债率(%)	流动比率(%)	速动比率(%)	长期资产适合率(%)	销 售增长率(%)	资 本积累率(%)	总资产增长率(%)
15.90	62.21	134.60	108.72	225.15	36.28	8.98	21.07
9.42	71.70	128.65	127.87	677.52	24.65	16.02	16.51
21.05	64.54	75.09	52.08	67.52	41.09	11.47	39.53
18.36	27.15	314.82	258.56	328.15	52.30	5.55	13.21
14.32	44.48	180.74	129.22	281.06	53.22	0.22	9.44
12.10	34.11	213.46	154.18	249.80	33.17	7.52	14.80
19.35	47.71	183.37	121.47	306.68	40.54	2.73	−31.20
7.23	38.55	235.96	273.01	478.44	11.37	2.09	13.97
7.72	86.31	90.72	61.58	76.55	1.41	0.63	16.41
11.91	80.39	116.86	122.32	308.46	24.65	6.03	28.36
28.98	64.57	113.44	55.81	139.80	58.21	14.63	30.64
29.87	59.20	138.91	119.64	215.70	52.68	16.58	31.34
16.82	45.56	169.89	144.58	245.24	41.40	8.51	13.20
13.42	53.79	134.97	108.01	203.73	29.41	6.54	14.15
14.92	44.75	210.19	215.65	261.34	31.40	13.62	14.24
16.82	50.10	172.11	121.05	356.95	26.26	8.25	21.13

地　区	财务效益状况				资产营运状况		
	净资产收益率(%)	总资产报酬率(%)	销售(营业)利润率(%)	成本费用利润率(%)	总资产周转率(%)	流动资产周转率(%)	存货周转率(次)
河　南	4.27	3.46	1.15	1.33	264.31	323.58	—
湖　北	11.31	7.60	1.20	1.20	500.16	655.14	—
湖　南	10.38	6.65	0.91	0.95	715.56	844.13	—
广　东	17.32	8.68	1.18	1.41	576.99	716.53	—
广　西	0.86	0.50	-0.15	-0.04	420.49	535.03	—
海　南	-0.65	-0.28	-0.28	-0.30	402.43	452.25	—
重　庆	3.27	1.34	-0.13	0.03	669.67	1040.37	—
四　川	0.23	0.17	0.22	0.17	311.05	541.57	—
贵　州	0.99	0.64	-0.75	-0.61	364.45	418.24	—
云　南	7.96	3.43	0.54	0.65	364.94	534.53	—
陕　西	-0.07	0.05	-0.43	-0.43	457.98	530.47	—
甘　肃	4.47	2.99	1.09	1.02	251.63	318.12	—
青　海	-2.93	-2.26	-1.20	-1.37	224.38	331.23	—
宁　夏	-5.80	-3.54	-0.76	-0.61	367.62	500.17	—
新　疆	2.99	1.84	0.27	0.18	334.18	396.79	—
西　藏	—	—	—	—	—	—	—

续表

	偿债能力状况				发展能力状况		
应收账款周转率(次)	资产负债率(%)	流动比率(%)	速动比率(%)	长期资产适合率(%)	销售增长率(%)	资本积累率(%)	总资产增长率(%)
11.61	27.15	315.11	232.85	441.94	31.30	5.61	6.61
24.45	45.34	178.97	138.98	300.18	69.84	17.53	20.83
25.30	45.49	191.49	151.31	469.25	47.98	15.87	34.72
19.26	64.07	132.73	119.90	262.89	43.59	5.43	13.87
13.21	72.22	119.20	108.37	228.84	6.66	2.54	9.11
13.59	57.78	156.32	130.62	483.79	19.48	5.46	19.45
27.85	73.22	93.54	77.36	143.68	52.88	7.15	13.47
25.13	42.96	155.61	114.02	170.70	41.05	-1.55	14.32
11.67	55.33	180.11	135.26	490.26	30.34	6.32	15.71
11.80	69.46	109.26	58.62	125.02	9.52	9.68	10.65
12.90	50.52	181.10	162.51	466.54	38.60	1.73	12.97
6.47	44.50	184.26	151.93	275.61	35.32	4.48	7.91
11.93	37.83	168.15	162.42	180.91	19.34	15.39	26.49
12.09	54.67	165.39	135.36	267.65	20.11	-1.68	16.03
12.48	53.54	159.92	115.43	403.03	164.18	-1.56	17.38
—	—	—	—	—	—	—	—

2010 年度全国旅游行业经济效益

地　区	财务效益状况				资产营运状况		
	净资产收益率(%)	总资产报酬率(%)	销售(营业)利润率(%)	成本费用利润率(%)	总资产周转率(%)	流动资产周转率(%)	存　货周转率(次)
全　国	2.47	2.07	1.51	1.94	40.16	137.84	5.20
北　京	3.76	2.78	3.91	4.05	38.24	134.70	1.24
天　津	0.10	0.99	−7.82	−5.52	41.72	130.06	7.65
河　北	−0.73	0.02	−8.51	−8.28	33.72	126.05	6.43
山　西	−1.78	−0.01	−7.06	−7.25	40.13	146.75	6.03
内蒙古	2.47	1.53	0.83	0.27	35.37	117.88	5.02
辽　宁	−1.18	−0.38	−8.97	−6.36	34.60	166.53	5.23
吉　林	−4.05	−0.85	−6.62	−6.99	34.85	150.65	6.25
黑龙江	1.90	1.41	−2.90	−2.97	35.37	164.29	4.68
上　海	7.15	4.69	11.33	13.10	43.00	161.41	9.89
江　苏	0.12	0.89	−1.33	−0.87	41.38	137.26	8.59
浙　江	2.12	2.77	0.37	0.96	44.43	133.60	8.52
安　徽	3.06	2.21	−1.71	2.05	34.90	107.64	7.19
福　建	2.52	1.85	2.41	3.04	45.92	146.56	8.03
江　西	−0.16	0.79	−0.59	−0.86	36.41	126.77	6.20
山　东	0.99	1.20	−1.38	−0.81	45.56	146.10	5.51

评价主要财务指标表（全部旅游饭店）

	偿债能力状况				发展能力状况		
应收账款周转率(次)	资产负债率(%)	流动比率(%)	速动比率(%)	长期资产适合率(%)	销售增长率(%)	资本积累率(%)	总资产增长率(%)
14.93	68.67	66.27	60.51	122.09	19.33	3.88	5.82
29.66	74.06	62.47	46.99	134.51	19.59	0.36	3.78
11.96	73.39	58.74	55.61	132.45	19.13	8.98	6.09
7.66	71.24	54.23	50.73	109.41	15.34	3.46	9.83
7.52	75.30	53.65	48.00	97.01	11.89	–1.39	3.30
4.72	65.18	76.75	70.58	116.55	13.11	9.70	7.82
15.32	70.86	44.20	39.97	99.08	13.76	10.64	–2.54
8.88	73.90	39.75	36.23	87.45	1.11	6.22	4.96
9.76	66.85	41.17	36.39	81.71	19.09	3.48	2.43
38.76	56.90	74.33	71.64	128.29	51.70	7.12	7.38
12.02	72.88	62.03	58.42	129.36	19.57	3.53	8.34
20.41	72.98	71.63	66.80	124.52	16.39	7.04	7.33
11.62	65.33	67.31	63.08	148.71	11.68	5.53	2.82
16.81	62.08	87.11	81.84	141.56	19.73	3.65	6.74
11.89	56.82	77.76	70.24	147.12	12.31	1.63	–1.22
10.46	65.05	64.71	56.92	112.59	10.54	1.63	4.27

地 区	财务效益状况				资产营运状况		
	净资产收益率(%)	总资产报酬率(%)	销售(营业)利润率(%)	成本费用利润率(%)	总资产周转率(%)	流动资产周转率(%)	存 货周转率(次)
河 南	-3.47	-0.70	-7.31	-6.44	37.83	135.70	5.32
湖 北	0.18	0.75	-3.32	-2.53	36.83	162.03	6.96
湖 南	1.87	2.22	1.10	1.25	34.96	132.37	6.59
广 东	5.09	3.04	4.18	4.70	42.88	129.53	9.37
广 西	-1.27	0.40	-2.64	-2.91	39.74	172.71	11.44
海 南	8.87	5.10	16.14	19.60	40.35	109.14	6.17
重 庆	2.20	1.75	0.71	1.33	38.08	94.31	6.67
四 川	2.84	2.26	1.39	1.66	37.69	133.47	6.39
贵 州	0.26	1.00	3.26	3.90	62.02	242.33	5.84
云 南	0.51	0.76	-0.86	1.14	31.54	125.21	5.31
陕 西	-0.53	0.61	-1.15	-1.51	40.37	144.54	5.99
甘 肃	0.49	0.57	-1.21	-0.30	30.83	121.97	4.28
青 海	0.84	0.67	-0.98	1.16	31.37	96.80	2.59
宁 夏	-5.69	-2.20	-9.28	-7.38	39.68	141.04	5.19
新 疆	-2.74	-1.42	-4.60	-4.07	34.16	148.60	5.85
西 藏	-0.18	-0.13	-7.97	-0.65	7.72	98.74	1.30

续表

	偿债能力状况				发展能力状况		
应收账款周转率(次)	资产负债率(%)	流动比率(%)	速动比率(%)	长期资产适合率(%)	销售增长率(%)	资本积累率(%)	总资产增长率(%)
5.22	77.79	51.94	45.48	95.98	8.56	–1.70	3.95
12.90	67.29	60.63	56.42	120.03	18.36	4.90	13.08
11.72	66.50	59.08	54.81	99.52	14.45	1.12	3.99
20.38	73.55	79.84	76.73	143.54	14.70	1.53	2.57
12.32	69.21	57.65	54.87	115.06	9.24	7.49	3.89
14.40	84.80	52.70	50.07	87.85	14.55	2.74	18.45
22.45	74.23	99.81	95.47	151.46	16.11	13.59	16.03
11.18	66.02	68.18	63.78	121.61	13.00	–7.68	4.61
23.29	69.19	54.34	46.80	104.53	8.20	9.77	2.05
12.76	54.75	83.28	76.67	124.06	5.85	1.62	–0.48
11.31	85.42	54.96	50.13	98.93	15.84	0.23	–0.84
6.61	51.00	71.02	62.82	113.80	8.94	5.69	3.63
6.47	51.02	75.78	66.20	107.83	20.55	31.58	22.69
12.04	64.07	59.85	53.30	98.91	11.65	4.30	2.59
19.43	60.82	56.47	49.28	94.95	31.46	5.26	9.44
4.84	24.49	63.73	50.70	100.15	5.06	2.42	3.25

2010 年度全国旅游行业经济效益

地　区	财务效益状况				资产营运状况		
	净资产收益率(%)	总资产报酬率(%)	销售(营业)利润率(%)	成本费用利润率(%)	总资产周转率(%)	流动资产周转率(%)	存　货周转率(次)
全　国	5.81	3.81	8.24	9.40	36.41	129.22	3.02
北　京	6.44	4.42	9.24	10.26	37.82	108.96	0.58
天　津	83.00	22.20	–7.55	–3.66	64.81	146.32	9.95
河　北	–1.03	0.04	–30.22	–21.96	17.51	79.01	7.14
山　西	1.40	1.05	2.54	3.43	38.51	215.61	3.67
内蒙古	–0.48	–0.07	0.92	–0.60	32.30	123.47	10.33
辽　宁	4.30	4.20	1.44	1.33	45.18	391.55	3.55
吉　林	13.10	6.39	10.80	12.05	35.73	114.68	6.55
黑龙江	20.63	13.57	23.84	29.12	68.32	196.80	3.63
上　海	6.22	4.60	18.24	22.35	36.16	179.44	19.96
江　苏	4.52	2.60	3.39	4.18	32.29	109.03	5.95
浙　江	6.81	4.63	2.67	3.86	41.08	169.28	5.38
安　徽	3.27	2.22	2.70	2.99	20.66	53.08	6.47
福　建	3.24	2.12	3.18	4.50	41.76	121.22	9.63
江　西	0.34	0.19	4.41	0.24	36.74	409.44	4.82
山　东	0.65	1.47	1.98	1.88	37.72	169.83	5.68

评价主要财务指标表（五星级饭店）

	偿债能力状况				发展能力状况		
应收账款周转率(次)	资产负债率(%)	流动比率(%)	速动比率(%)	长期资产适合率(%)	销售增长率(%)	资本积累率(%)	总资产增长率(%)
25.86	65.84	76.70	67.80	127.97	24.24	5.98	6.77
39.14	68.28	80.15	45.88	146.32	22.39	1.03	0.89
8.01	87.70	62.40	60.31	144.21	14.27	21.82	10.47
10.02	85.63	43.70	42.11	127.79	18.45	2.76	26.44
7.95	28.01	75.75	60.35	92.53	25.06	3.51	14.64
19.85	58.30	136.46	130.98	126.48	22.41	14.77	7.94
19.08	69.65	17.27	12.56	107.64	36.81	74.08	-1.85
24.54	74.15	81.56	77.14	105.91	10.15	14.84	20.96
42.80	43.80	71.85	66.54	143.35	15.58	22.03	-2.27
59.41	39.67	84.23	82.22	130.11	52.32	6.49	4.46
13.73	76.17	70.78	67.09	136.41	20.55	7.58	11.32
44.49	79.79	62.88	55.28	106.04	18.34	12.46	6.14
40.94	67.51	82.31	78.35	336.75	15.29	-5.25	2.11
30.72	64.01	164.40	158.28	184.44	30.71	3.86	16.79
52.59	53.08	23.96	20.00	127.42	9.00	0.34	1.10
18.13	55.49	60.29	54.81	106.83	6.61	0.79	1.11

地区	财务效益状况				资产营运状况		
	净资产收益率(%)	总资产报酬率(%)	销售(营业)利润率(%)	成本费用利润率(%)	总资产周转率(%)	流动资产周转率(%)	存货周转率(次)
河南	-1.11	-0.14	-9.14	-7.48	24.36	119.50	6.13
湖北	-0.11	1.01	-5.54	-4.23	31.41	178.63	5.70
湖南	1.50	2.57	2.61	1.98	26.00	92.13	6.79
广东	8.98	4.94	9.19	11.99	42.42	130.55	9.18
广西	1.73	2.45	3.09	1.37	34.73	218.02	12.92
海南	30.69	15.42	34.32	52.28	55.04	141.70	19.97
重庆	5.68	2.35	7.28	8.50	28.28	57.90	5.46
四川	11.72	8.19	14.80	17.44	46.28	136.71	4.55
贵州	27.91	13.66	24.24	32.48	169.07	234.00	6.55
云南	5.45	4.32	11.01	12.53	32.08	87.65	2.16
陕西	7.48	4.10	8.78	9.45	40.93	208.41	9.73
甘肃	-35.67	-2.69	-26.55	-20.35	20.92	337.24	5.63
青海	3.45	1.74	1.96	3.12	39.72	141.30	2.28
宁夏	—	—	0.08	0.20	61.26	63.59	2.44
新疆	2.19	1.35	4.54	4.49	36.76	157.06	6.07
西藏	—	—	—	—	—	—	—

续表

	偿债能力状况				发展能力状况		
应收账款周转率(次)	资产负债率(%)	流动比率(%)	速动比率(%)	长期资产适合率(%)	销售增长率(%)	资本积累率(%)	总资产增长率(%)
13.11	70.69	61.80	58.11	106.82	13.71	0.07	8.13
36.78	64.50	75.00	71.36	102.17	29.30	3.65	13.43
27.78	75.34	59.43	57.53	84.28	20.28	1.12	9.06
24.23	69.76	90.53	87.19	159.32	16.45	5.95	4.03
13.01	79.91	52.23	49.73	98.09	9.58	32.78	6.88
22.80	93.96	40.77	39.97	41.58	17.58	18.13	21.80
50.73	81.19	142.03	138.73	167.20	15.60	47.02	24.70
9.74	66.56	126.49	119.62	138.15	14.43	-40.07	-10.27
48.12	57.74	149.44	134.90	182.18	16.95	32.60	20.28
14.41	36.64	296.61	268.73	203.42	2.61	6.34	2.41
39.64	94.67	50.66	47.89	94.00	21.77	12.33	-3.15
15.54	56.90	17.52	14.51	62.63	27.15	-11.13	-0.44
26.62	41.92	57.41	48.83	86.11	70.05	59.01	14.63
26.69	99.89	172.14	160.22	—	19.99	—	-39.17
37.14	64.28	72.82	64.35	95.44	33.85	1.97	11.41
—	—	—	—	—	—	—	—

2010 年度全国旅游行业经济效益

地 区	财务效益状况				资产营运状况		
	净资产收益率(%)	总资产报酬率(%)	销售(营业)利润率(%)	成本费用利润率(%)	总资产周转率(%)	流动资产周转率(%)	存 货周转率(次)
全 国	0.84	1.32	-1.02	-0.90	39.31	133.27	6.36
北 京	3.68	2.14	2.56	2.09	37.32	158.44	5.74
天 津	-2.78	-1.04	-9.55	-7.87	29.95	115.23	5.50
河 北	0.31	0.52	-0.93	-2.08	39.04	136.43	5.92
山 西	-4.66	-0.44	-14.13	-16.27	30.24	91.63	5.39
内蒙古	3.87	2.28	0.46	0.34	36.82	121.29	5.89
辽 宁	-0.22	0.46	-9.72	-4.46	33.12	126.88	5.81
吉 林	-10.80	-3.74	-14.11	-13.66	30.81	175.37	4.82
黑龙江	-3.35	-2.02	-8.58	-7.98	31.87	156.02	4.22
上 海	12.05	7.02	8.31	9.45	47.64	139.29	3.94
江 苏	-3.28	-0.47	-3.60	-3.24	44.64	147.27	9.81
浙 江	2.78	3.39	2.13	2.40	42.48	114.93	8.04
安 徽	0.92	1.15	-0.55	0.73	41.68	140.43	6.23
福 建	4.16	2.82	4.33	4.62	47.62	159.80	8.01
江 西	0.47	1.11	-0.64	0.05	29.64	88.56	5.93
山 东	0.61	0.62	-3.49	-2.43	45.51	141.73	7.04

评价主要财务指标表（四星级饭店）

	偿债能力状况				发展能力状况		
应收账款周转率(次)	资产负债率(%)	流动比率(%)	速动比率(%)	长期资产适合率(%)	销售增长率(%)	资本积累率(%)	总资产增长率(%)
15.21	71.42	63.68	59.46	122.08	17.42	3.25	5.85
31.43	83.39	53.90	51.49	117.82	16.45	−1.86	7.05
14.50	70.75	46.87	43.61	145.06	22.83	10.30	3.90
7.47	62.02	65.60	61.12	96.75	19.07	3.89	3.65
5.73	91.41	54.39	50.86	106.87	14.22	1.77	4.54
5.88	71.58	68.27	64.70	110.05	3.22	3.91	15.48
19.98	70.01	84.51	78.98	110.34	12.71	3.92	−2.12
13.76	79.73	27.71	24.28	75.29	6.81	−2.27	0.39
6.68	67.14	38.14	33.04	71.09	32.57	−0.44	2.27
37.93	76.02	65.50	61.24	138.29	49.26	12.45	17.22
10.89	70.25	57.40	54.17	120.15	16.17	0.56	4.43
19.46	70.69	80.43	75.68	137.22	17.57	9.01	9.06
11.45	60.45	64.67	61.81	114.51	11.93	18.15	8.37
17.56	58.09	77.04	71.73	132.66	13.71	3.09	0.78
13.10	59.07	106.39	99.23	170.75	11.38	3.41	−4.22
11.68	67.23	71.63	64.93	128.24	15.00	1.32	2.79

地区	财务效益状况				资产营运状况		
	净资产收益率(%)	总资产报酬率(%)	销售(营业)利润率(%)	成本费用利润率(%)	总资产周转率(%)	流动资产周转率(%)	存货周转率(次)
河南	-8.16	-2.78	-11.18	-9.78	33.11	135.31	3.89
湖北	0.37	0.79	-3.22	-1.79	35.02	140.75	6.84
湖南	1.91	1.92	0.77	1.65	36.94	165.39	6.29
广东	0.65	0.98	-0.67	-3.72	39.70	112.57	7.76
广西	-2.56	-0.67	-5.36	-4.80	35.68	161.97	9.87
海南	-2.10	-1.03	-7.28	-5.75	31.56	87.14	1.80
重庆	0.46	1.08	-0.78	-0.08	39.27	108.81	4.96
四川	-1.54	0.17	-6.10	-6.13	31.80	109.35	7.25
贵州	-0.52	1.26	-0.09	0.11	53.06	227.06	4.37
云南	-0.58	-0.12	-1.51	1.44	31.10	124.20	6.75
陕西	-6.78	-1.80	-9.33	-9.21	35.46	134.90	3.21
甘肃	0.19	0.52	-0.93	-0.11	36.10	134.67	4.79
青海	-1.80	-0.49	-3.18	-1.28	47.95	219.90	4.57
宁夏	-7.62	-3.79	-15.06	-11.49	28.54	139.13	5.28
新疆	-9.27	-6.07	-20.49	-16.27	30.04	139.83	8.38
西藏	0.54	0.52	2.63	2.62	23.79	170.25	1.46

续表

	偿债能力状况				发展能力状况		
应收账款周转率(次)	资产负债率(%)	流动比率(%)	速动比率(%)	长期资产适合率(%)	销售增长率(%)	资本积累率(%)	总资产增长率(%)
5.87	74.66	46.64	39.89	100.13	10.25	-8.08	1.71
13.78	72.59	51.07	47.68	130.40	16.84	5.25	17.80
15.15	56.53	56.55	50.61	121.07	13.95	8.68	0.53
23.63	78.62	79.89	77.03	123.26	11.09	-3.81	-0.54
14.30	56.32	55.76	52.32	140.84	14.62	1.21	8.52
11.85	71.05	92.92	80.59	142.37	-0.14	-4.98	5.57
22.96	73.51	74.94	69.47	140.99	9.34	3.36	13.54
12.51	74.63	56.36	53.95	120.84	15.13	-4.24	5.75
21.21	64.59	75.71	66.22	120.28	15.62	6.55	12.84
17.72	65.83	66.17	62.16	109.48	8.43	1.94	0.47
14.51	100.07	49.11	43.29	91.05	16.88	-6.42	1.88
7.39	56.48	99.52	92.50	122.88	14.73	10.58	7.38
22.77	49.30	49.53	42.92	112.25	5.24	-3.80	4.33
13.28	54.63	57.35	51.22	108.81	8.24	21.73	14.08
12.21	52.10	43.24	39.04	93.10	42.45	8.33	8.76
78.79	4.17	388.65	333.49	114.38	16.17	0.99	2.29

2010 年度全国旅游行业经济效益

地 区	财务效益状况				资产营运状况		
	净资产收益率(%)	总资产报酬率(%)	销售(营业)利润率(%)	成本费用利润率(%)	总资产周转率(%)	流动资产周转率(%)	存 货周转率(次)
全 国	–0.14	0.64	–2.79	–2.09	44.54	146.97	7.51
北 京	–1.29	–0.07	–4.73	–3.97	37.31	170.59	8.04
天 津	–1.53	1.24	–4.31	–2.57	53.58	141.26	9.73
河 北	–1.19	–0.30	–5.88	–6.51	46.01	143.66	6.07
山 西	–3.36	–0.12	–6.87	–5.53	46.73	208.34	8.27
内蒙古	2.93	1.93	2.94	2.94	41.49	107.82	3.48
辽 宁	–5.69	–2.74	–16.94	–14.63	29.23	156.55	5.75
吉 林	–3.08	–1.03	–4.63	–5.03	42.83	150.07	8.42
黑龙江	–6.18	–2.91	–15.46	–12.29	32.08	161.47	5.40
上 海	1.84	1.54	–1.97	–1.08	43.54	134.94	10.74
江 苏	0.07	0.58	–2.12	–1.55	58.01	172.78	10.82
浙 江	0.15	1.06	–2.55	–1.64	46.63	135.84	13.73
安 徽	4.26	3.25	–2.44	7.70	44.47	146.93	9.01
福 建	0.60	0.90	0.65	1.21	51.81	137.53	9.42
江 西	–1.09	0.46	–1.92	–2.02	48.01	162.47	6.87
山 东	1.66	1.36	–1.45	–0.84	49.22	134.75	4.65

评价主要财务指标表（三星级饭店）

	偿债能力状况				发展能力状况		
应收账款周转率(次)	资产负债率(%)	流动比率(%)	速动比率(%)	长期资产适合率(%)	销售增长率(%)	资本积累率(%)	总资产增长率(%)
9.91	69.20	60.20	55.30	117.16	13.06	1.75	5.12
16.33	71.17	43.11	40.28	141.26	15.76	1.38	4.73
16.29	64.09	89.50	84.41	126.21	19.03	12.22	7.30
6.86	61.49	67.91	54.31	114.34	10.31	4.72	1.81
9.52	78.79	42.23	36.73	93.48	7.45	–9.07	–3.19
3.70	63.82	72.33	63.56	116.43	9.32	8.64	5.86
9.86	76.47	30.58	27.41	80.77	3.66	–8.22	–3.06
4.32	63.73	47.72	44.23	102.19	–2.38	7.10	–4.78
7.09	68.68	37.60	33.64	92.03	1.69	–3.78	3.24
18.68	72.40	63.90	62.28	107.36	32.80	1.03	9.87
11.69	70.57	56.78	52.70	120.68	18.58	1.42	8.81
15.80	72.67	67.51	63.85	136.63	12.88	3.33	6.39
8.34	62.57	58.96	53.52	121.73	13.97	2.62	–2.56
10.65	56.45	79.51	75.16	126.12	5.45	3.31	3.26
8.93	55.34	62.35	54.49	120.09	14.56	–1.18	2.96
7.51	67.87	64.23	55.25	104.31	9.16	5.56	12.34

地区	财务效益状况				资产营运状况		
	净资产收益率(%)	总资产报酬率(%)	销售(营业)利润率(%)	成本费用利润率(%)	总资产周转率(%)	流动资产周转率(%)	存货周转率(次)
河南	0.25	1.19	–4.72	–4.51	49.06	151.50	5.89
湖北	0.76	0.91	–1.66	–1.63	44.33	174.97	7.32
湖南	0.27	1.04	–1.78	–1.61	44.85	177.84	6.77
广东	0.91	1.28	0.10	1.34	45.68	131.97	9.70
广西	–1.44	–0.06	–3.33	–3.88	56.83	195.53	13.69
海南	–6.05	–2.26	–8.99	–7.65	26.90	57.96	5.66
重庆	1.53	1.15	–1.15	–0.56	56.23	174.23	9.98
四川	1.11	1.60	–1.59	–0.82	42.93	170.36	5.95
贵州	–0.92	–0.27	–3.86	–2.76	43.49	250.99	7.88
云南	–2.50	–0.84	–6.73	–6.28	32.83	141.20	6.07
陕西	–0.82	0.15	–1.92	–2.34	44.15	122.34	7.57
甘肃	1.08	0.95	0.57	1.78	32.99	119.75	4.13
青海	0.72	0.47	–1.88	1.39	19.82	47.20	1.81
宁夏	–3.55	–0.64	–8.09	–6.46	46.23	196.12	5.91
新疆	–2.61	–0.35	–3.18	–1.76	35.22	165.79	3.21
西藏	–0.32	–0.22	–14.95	–2.47	5.34	77.35	1.25

续表

	偿债能力状况				发展能力状况		
应收账款周转率(次)	资产负债率(%)	流动比率(%)	速动比率(%)	长期资产适合率(%)	销售增长率(%)	资本积累率(%)	总资产增长率(%)
4.87	85.63	48.35	42.55	83.99	6.59	4.54	3.54
8.68	66.45	68.57	63.53	125.38	13.12	4.67	6.95
8.57	65.95	57.02	51.12	105.34	15.87	–3.78	2.19
12.63	71.67	80.11	76.37	160.21	11.31	–3.18	1.02
11.89	80.31	61.24	59.45	115.10	1.50	1.32	2.91
39.08	93.55	65.98	64.94	86.06	14.79	–5.10	77.26
12.73	62.46	76.36	68.61	132.54	21.12	–10.22	–1.51
11.18	61.86	63.70	57.55	115.43	8.94	8.21	8.40
15.89	80.75	26.76	21.66	80.38	–3.35	2.10	–11.20
8.74	58.71	63.82	56.80	115.15	5.17	–2.14	–0.96
7.26	78.78	57.81	53.64	97.40	12.30	–1.11	–2.42
8.58	48.15	79.91	71.35	135.92	20.72	4.71	2.22
2.09	57.22	91.71	83.14	115.24	19.88	61.72	42.14
9.36	69.27	47.27	41.10	87.91	11.93	–12.95	1.54
12.09	69.17	43.95	33.30	88.29	12.18	8.33	3.30
2.99	27.48	49.70	38.49	98.14	–1.17	2.70	3.39

2010 年度全国旅游行业经济效益

地 区	财务效益状况				资产营运状况		
	净资产收益率(%)	总资产报酬率(%)	销售(营业)利润率(%)	成本费用利润率(%)	总资产周转率(%)	流动资产周转率(%)	存 货周转率(次)
全 国	1.22	1.46	−1.40	−0.97	45.00	150.04	7.96
北 京	1.71	1.62	−2.01	−1.37	57.01	187.55	11.42
天 津	−11.30	−5.21	−25.12	−20.09	20.99	76.91	6.97
河 北	−4.79	−2.56	−20.98	−16.82	37.23	152.22	14.01
山 西	−1.12	−0.50	−2.72	−2.33	67.82	161.71	6.93
内蒙古	8.38	5.31	−5.84	−7.13	29.49	134.92	4.90
辽 宁	−10.49	−3.42	−6.65	−4.84	41.17	163.26	7.57
吉 林	−5.82	−2.58	−9.46	−8.22	44.13	183.45	9.17
黑龙江	4.43	3.44	4.30	4.44	46.89	158.44	5.16
上 海	−6.31	−0.76	−6.47	−5.84	38.05	135.13	11.96
江 苏	2.89	1.77	0.79	0.88	52.67	131.14	12.25
浙 江	5.35	3.16	1.41	2.07	71.70	191.05	12.73
安 徽	3.86	2.36	−26.34	−18.00	28.45	113.15	5.28
福 建	−10.38	−3.06	−12.16	−10.87	48.64	115.53	3.52
江 西	−2.41	−1.70	−5.34	−4.15	50.58	200.04	5.45
山 东	2.36	2.27	0.94	1.25	58.09	144.79	6.17

评价主要财务指标表（二星级饭店）

	偿债能力状况				发展能力状况		
应收账款周转率(次)	资产负债率(%)	流动比率(%)	速动比率(%)	长期资产适合率(%)	销售增长率(%)	资本积累率(%)	总资产增长率(%)
6.78	65.89	58.92	52.46	105.96	7.16	–1.00	1.33
20.66	63.41	60.81	61.63	119.88	10.27	1.06	0.33
17.80	64.06	44.52	42.90	64.33	33.94	–10.67	1.29
7.07	72.18	38.20	35.66	111.29	7.07	–2.56	–0.64
6.34	76.20	68.07	61.72	93.40	5.62	–8.66	5.19
2.09	76.61	42.92	34.85	101.99	23.69	2.92	2.26
11.63	81.92	32.37	31.19	68.10	–1.24	22.83	–6.49
16.83	77.70	31.66	26.14	66.66	–34.29	1.37	1.84
5.45	58.25	59.15	49.57	99.13	20.74	4.42	8.44
32.27	81.48	53.01	51.60	135.94	29.57	–3.35	–4.31
8.51	78.20	57.56	54.06	101.50	20.25	3.38	4.74
18.50	68.05	67.35	64.20	103.29	8.67	6.79	10.53
7.86	87.54	51.53	42.86	110.45	–5.03	1.97	–1.42
5.04	51.27	91.78	72.43	125.95	17.78	11.08	7.65
8.16	43.02	93.76	65.10	146.61	15.95	2.17	7.88
6.46	73.78	44.06	31.08	69.54	–12.53	–10.11	–13.78

地区	财务效益状况				资产营运状况		
	净资产收益率(%)	总资产报酬率(%)	销售(营业)利润率(%)	成本费用利润率(%)	总资产周转率(%)	流动资产周转率(%)	存货周转率(次)
河南	-0.65	0.90	-3.68	-3.09	48.76	117.40	8.76
湖北	0.60	0.57	-3.29	-2.20	39.72	224.17	10.29
湖南	7.44	4.56	8.28	9.02	44.40	144.29	6.30
广东	6.09	4.32	6.41	6.83	60.40	144.63	28.76
广西	-3.12	-1.60	-1.68	-2.66	43.29	166.28	9.53
海南	6.89	1.85	-21.75	-18.42	70.15	307.29	10.80
重庆	3.14	2.56	0.79	1.34	42.76	241.60	9.24
四川	4.54	3.31	3.51	4.52	46.86	150.52	7.37
贵州	-1.13	-1.05	-1.62	-1.50	72.54	456.07	13.30
云南	-0.17	0.40	-2.22	-1.18	27.98	144.28	7.47
陕西	-0.13	0.42	-0.54	-0.16	48.85	213.18	5.60
甘肃	1.03	0.73	3.86	4.23	23.00	72.96	3.53
青海	3.95	2.81	9.27	12.59	24.56	129.23	5.05
宁夏	4.75	2.67	5.77	5.85	69.30	796.39	6.39
新疆	-0.79	1.22	-2.75	-1.05	32.35	82.73	5.93
西藏	—	—	—	—	—	—	—

续表

	偿债能力状况				发展能力状况		
应收账款周转率(次)	资产负债率(%)	流动比率(%)	速动比率(%)	长期资产适合率(%)	销售增长率(%)	资本积累率(%)	总资产增长率(%)
2.83	76.37	74.14	62.84	113.71	5.98	4.12	9.12
13.15	66.29	35.11	27.80	109.34	21.56	–17.43	3.24
3.94	53.01	60.75	52.23	91.04	–2.49	–11.16	–2.71
4.00	63.17	110.61	112.40	174.24	7.00	3.28	8.56
5.92	55.02	61.87	59.28	102.80	2.71	–16.50	–12.91
4.58	203.47	12.27	17.69	51.57	27.29	7.13	–9.47
20.13	64.10	37.32	34.03	83.84	9.58	–9.86	–4.48
9.39	61.62	71.62	65.03	124.76	14.28	5.07	13.05
17.36	21.85	100.64	86.73	105.75	1.49	4.85	–4.25
7.70	47.86	65.75	63.52	110.85	3.84	0.35	–4.68
6.25	54.41	64.25	51.36	126.67	11.50	–0.61	0.64
2.49	54.39	59.59	48.88	91.56	–33.13	18.17	5.45
6.80	31.80	107.30	33.00	118.99	5.18	4.58	1.54
—	61.67	17.72	14.49	66.48	11.40	4.87	–3.24
8.69	54.87	113.37	108.27	139.74	12.59	5.96	18.74
—	—	—	—	—	—	—	—

2010 年度全国旅游行业经济效益

地　区	财务效益状况				资产营运状况		
	净资产收益率(%)	总资产报酬率(%)	销售(营业)利润率(%)	成本费用利润率(%)	总资产周转率(%)	流动资产周转率(%)	存　货周转率(次)
全　国	3.03	1.89	-1.35	0.26	64.91	275.62	8.24
北　京	-1.57	-1.18	-0.91	-1.00	71.91	451.54	7.35
天　津	-31.77	-23.89	-24.40	-22.18	86.57	536.33	6.00
河　北	1.12	1.73	-2.44	1.83	63.76	135.87	1.82
山　西	—	—	0.50	0.51	76.61	406.58	—
内蒙古	17.65	6.01	7.06	39.87	15.69	111.05	2.16
辽　宁	1.80	1.52	4.47	5.12	37.64	159.41	9.60
吉　林	—	—	—	—	—	—	—
黑龙江	0.68	0.04	0.73	0.74	62.31	204.40	—
上　海	-41.74	-29.17	-17.66	-15.49	149.07	511.56	9.58
江　苏	—	—	—	—	—	—	—
浙　江	12.83	5.64	-5.18	-4.11	127.93	375.01	8.74
安　徽	-5.56	-5.13	-13.69	-11.99	34.89	81.26	13.60
福　建	13.07	12.83	11.93	13.75	126.35	392.44	6.28
江　西	—	—	-0.08	-0.06	53.89	627.47	22.49
山　东	15.03	7.57	22.48	29.41	25.00	229.39	3.50

评价主要财务指标表（一星级饭店）

	偿债能力状况				发展能力状况		
应收账款周转率(次)	资产负债率(%)	流动比率(%)	速动比率(%)	长期资产适合率(%)	销售增长率(%)	资本积累率(%)	总资产增长率(%)
8.56	55.49	53.55	44.12	92.81	7.85	0.85	–1.38
—	27.34	66.52	62.93	104.50	7.69	–8.44	–1.46
14.72	28.74	36.38	20.46	81.06	9.25	–21.46	–13.34
4.51	46.39	143.30	162.63	130.44	31.36	1.13	–2.24
—	98.64	69.90	68.31	—	—	—	1.83
1.80	59.36	27.80	23.13	68.24	7.40	20.86	5.47
11.72	15.73	127.85	119.24	113.79	–0.87	–2.42	–2.47
—	—	—	—	—	—	—	—
—	94.77	51.42	—	57.16	–4.06	0.68	–0.52
—	50.52	63.49	53.03	95.98	77.00	–34.54	–1.49
—	—	—	—	—	—	—	—
27.95	85.25	49.53	36.95	69.34	6.28	1.72	–3.85
17.72	8.32	—	—	192.24	–19.20	–5.41	–4.52
37.06	1.39	—	—	150.64	9.60	8.07	7.18
—	143.59	7.37	5.64	—	3.63	—	–1.45
6.17	56.45	23.56	69.60	55.82	—	2.43	7.54

地　区	财务效益状况				资产营运状况		
	净资产收益率(%)	总资产报酬率(%)	销售(营业)利润率(%)	成本费用利润率(%)	总资产周转率(%)	流动资产周转率(%)	存　货周转率(次)
河　南	8.16	4.24	–8.64	–7.95	84.37	160.35	14.14
湖　北	8.87	5.88	8.73	12.59	22.28	191.86	7.42
湖　南	7.28	4.30	19.22	23.72	37.53	235.57	4.16
广　东	—	—	—	—	—	—	—
广　西	—	—	—	—	—	—	—
海　南	–4.15	–2.60	–8.08	–4.26	56.42	240.43	—
重　庆	–6.50	–0.81	–19.17	–2.72	32.85	49.23	7.44
四　川	–6.62	–1.47	–4.15	–3.79	79.18	571.46	6.27
贵　州	—	—	—	—	—	—	—
云　南	1.20	0.57	–1.66	–1.67	155.37	425.87	17.29
陕　西	—	—	—	—	—	—	—
甘　肃	6.27	5.46	20.58	21.79	31.87	214.30	—
青　海	—	—	—	—	—	—	—
宁　夏	—	—	—	—	—	—	—
新　疆	7.47	1.49	2.22	1.75	86.71	347.55	5.77
西　藏	—	—	—	—	—	—	—

续表

	偿债能力状况				发展能力状况		
应收账款周转率(次)	资产负债率(%)	流动比率(%)	速动比率(%)	长期资产适合率(%)	销售增长率(%)	资本积累率(%)	总资产增长率(%)
5.66	64.36	87.80	79.96	268.28	13.15	8.51	16.85
20.94	28.81	57.82	53.95	104.63	83.02	11.01	–0.71
8.24	54.46	58.63	41.53	89.72	19.68	4.43	3.80
—	—	—	—	—	—	—	—
—	—	—	—	—	—	—	—
—	37.97	70.28	68.88	84.61	–41.13	–4.07	–59.01
0.56	70.88	30.97	25.70	37.31	–8.79	–41.86	–73.96
45.04	84.89	40.95	33.95	135.52	9.11	–7.41	1.57
—	—	—	—	—	—	—	—
28.24	57.58	106.76	84.20	115.88	1.85	5.87	3.71
—	—	—	—	—	—	—	—
2.22	15.47	143.84	—	112.08	–0.06	1.66	0.42
—	—	—	—	—	—	—	—
—	—	—	—	—	—	—	—
23.51	78.83	29.24	20.90	49.69	17.57	7.76	–4.67
—	—	—	—	—	—	—	—

2010 年度全国旅游行业经济效益

地　区	财务效益状况				资产营运状况		
	净资产收益率(%)	总资产报酬率(%)	销售(营业)利润率(%)	成本费用利润率(%)	总资产周转率(%)	流动资产周转率(%)	存　货周转率(次)
全　国	1.86	1.42	0.94	1.71	46.75	168.16	8.12
北　京	28.26	3.32	–0.94	–0.95	168.08	272.43	5.35
天　津	0.17	0.10	–0.57	0.17	75.78	282.41	9.21
河　北	–10.55	–5.78	–8.56	–7.40	58.57	309.97	6.69
山　西	—	—	—	—	—	—	—
内蒙古	65.91	26.98	43.36	76.56	62.21	1128.95	—
辽　宁	–4.67	–2.97	–7.15	–5.49	46.41	302.33	7.24
吉　林	–10.10	–3.92	–17.96	–15.21	13.17	42.01	16.13
黑龙江	–0.68	–0.52	–28.68	–23.59	20.32	141.73	7.00
上　海	12.91	5.22	11.41	13.34	63.56	185.63	13.27
江　苏	–5.02	–2.95	–12.09	–10.72	36.85	189.08	9.01
浙　江	–5.44	–0.21	–5.64	–5.15	41.67	133.35	6.04
安　徽	20.94	10.66	13.02	15.02	90.60	416.20	12.10
福　建	2.87	1.13	1.54	2.25	41.90	222.51	6.13
江　西	—	—	10.12	11.26	—	—	—
山　东	1.26	1.20	–1.75	–1.43	68.94	186.34	4.17

评价主要财务指标表（未评星级饭店）

	偿债能力状况				发展能力状况		
应收账款周转率(次)	资产负债率(%)	流动比率(%)	速动比率(%)	长期资产适合率(%)	销售增长率(%)	资本积累率(%)	总资产增长率(%)
21.16	69.69	62.78	59.46	118.70	44.88	6.40	6.16
13.42	100.65	78.57	71.00	114.89	160.05	32.91	39.35
14.40	55.09	49.21	47.85	70.67	7.51	–0.02	55.52
8.32	87.46	24.18	58.53	102.42	4.47	–7.67	–6.66
—	—	—	—	—	—	—	—
—	46.36	14.78	—	82.73	–52.42	98.32	–17.49
—	33.37	139.91	126.68	106.94	11.73	6.60	–2.88
1.38	51.82	49.93	54.68	74.49	115.55	286.21	549.02
20.34	81.35	30.14	27.52	65.44	16.08	–0.67	3.74
37.15	70.17	90.76	87.75	125.75	76.36	10.75	4.42
17.54	69.53	55.37	51.47	162.59	51.42	1.99	11.50
20.52	70.85	64.29	59.92	103.59	27.62	–0.17	2.77
12.36	48.68	47.49	41.22	80.29	11.55	18.69	6.67
23.84	76.34	42.12	37.98	107.42	50.12	3.67	6.53
—	65.48	39.40	—	46.52	–22.72	—	—
15.70	74.46	66.13	52.98	162.24	42.07	–2.88	13.49

地　区	财务效益状况				资产营运状况		
	净资产收益率(%)	总资产报酬率(%)	销售(营业)利润率(%)	成本费用利润率(%)	总资产周转率(%)	流动资产周转率(%)	存　货周转率(次)
河　南	–4.60	–1.34	–16.13	–7.43	19.98	86.69	18.03
湖　北	–5.44	–3.96	–16.70	–20.51	23.11	71.38	3.22
湖　南	–0.89	1.93	–5.77	–4.39	37.07	69.31	8.49
广　东	3.48	2.01	0.09	1.38	48.90	185.03	12.75
广　西	–3.24	–0.52	–16.25	–8.22	39.54	69.20	10.07
海　南	–7.13	–4.38	–23.81	–19.40	24.63	104.39	6.94
重　庆	0.29	0.27	–15.05	–12.79	52.70	158.89	10.46
四　川	2.69	2.23	5.37	6.35	23.88	107.98	7.14
贵　州	–26.62	–10.07	–11.18	–9.42	93.61	285.29	4.75
云　南	0.07	0.13	–9.67	11.76	21.82	197.75	4.36
陕　西	–0.97	–0.27	–5.74	–4.97	27.65	114.60	7.28
甘　肃	0.20	0.27	0.93	1.25	33.95	270.25	6.40
青　海	–0.69	0.98	–5.01	–2.52	29.98	187.61	2.45
宁　夏	—	—	—	—	—	—	—
新　疆	10.64	9.20	–14.33	–17.05	32.51	167.50	1.92
西　藏	—	—	—	—	—	—	—

续表

	偿债能力状况				发展能力状况		
应收账款周转率(次)	资产负债率(%)	流动比率(%)	速动比率(%)	长期资产适合率(%)	销售增长率(%)	资本积累率(%)	总资产增长率(%)
98.38	71.00	49.19	46.33	69.61	12.61	−4.56	−3.39
6.89	24.02	247.29	240.52	268.68	3.88	82.31	64.29
7.33	86.55	107.52	104.21	167.95	1.93	−5.94	0.75
27.71	82.94	44.98	42.45	109.17	24.57	1.27	6.91
11.25	74.53	76.52	74.89	131.57	26.60	−2.87	−25.90
3.72	69.38	34.35	32.33	106.70	44.50	−11.98	−5.27
38.53	65.07	63.32	59.13	197.44	40.75	118.82	41.23
15.10	47.19	68.82	63.49	119.26	16.67	2.70	6.93
31.90	56.67	61.77	50.89	81.23	1.59	58.83	1.27
14.07	45.89	41.75	24.65	96.84	14.98	−0.37	−2.60
10.91	42.08	77.46	71.37	185.94	16.75	−1.05	6.14
2.85	14.88	144.90	133.83	111.08	17.61	0.20	0.24
6.26	35.13	46.73	8.35	94.19	13.46	−0.66	−2.49
—	—	—	—	—	—	—	—
6.24	83.61	24.16	16.85	122.98	15.70	11.76	6.29
—	—	—	—	—	—	—	—

2010 年度全国旅游行业经济效益

地区	财务效益状况				资产营运状况		
	净资产收益率(%)	总资产报酬率(%)	销售(营业)利润率(%)	成本费用利润率(%)	总资产周转率(%)	流动资产周转率(%)	存货周转率(次)
全国	5.15	2.45	5.22	6.02	55.77	127.13	3.50
北京	4.68	2.07	3.88	4.30	95.24	198.70	5.00
天津	—	—	—	—	—	—	—
河北	—	—	—	—	—	—	—
山西	—	—	—	—	—	—	—
内蒙古	0.20	0.12	0.39	0.35	47.12	316.36	8.40
辽宁	—	—	—	—	—	—	—
吉林	—	—	—	—	—	—	—
黑龙江	-10.06	-2.44	-6.78	-5.73	31.23	119.48	7.74
上海	1.64	1.03	4.90	5.28	30.64	90.82	24.68
江苏	15.93	6.67	1.75	1.82	232.54	427.72	13.35
浙江	14.46	4.34	9.74	11.35	42.77	95.15	2.07
安徽	7.93	2.65	23.03	30.12	29.91	63.03	1.23
福建	—	—	—	—	—	—	—
江西	—	—	—	—	—	—	—
山东	—	—	—	—	—	—	—

评价主要财务指标表（旅游集团）

	偿债能力状况				发展能力状况		
应收账款周转率(次)	资产负债率(%)	流动比率(%)	速动比率(%)	长期资产适合率(%)	销售增长率(%)	资本积累率(%)	总资产增长率(%)
45.83	65.15	101.00	74.41	148.56	27.95	7.90	14.77
51.44	66.42	103.30	72.76	137.51	22.10	0.64	1.47
—	—	—	—	—	—	—	—
—	—	—	—	—	—	—	—
—	—	—	—	—	—	—	—
12.92	40.13	74.18	52.67	98.47	9.69	0.20	1.90
—	—	—	—	—	—	—	—
—	—	—	—	—	—	—	—
9.21	90.50	39.71	37.32	69.55	11.66	-29.77	21.85
45.47	29.31	103.45	101.44	117.28	29.49	-4.80	-17.42
125.50	80.22	88.50	59.10	175.48	45.72	12.26	32.86
52.40	73.71	92.75	65.25	161.24	37.17	15.80	34.55
36.72	60.68	163.14	108.53	207.39	42.11	22.21	33.60
—	—	—	—	—	—	—	—
—	—	—	—	—	—	—	—
—	—	—	—	—	—	—	—

地　区	财务效益状况				资产营运状况		
	净资产收益率(%)	总资产报酬率(%)	销售(营业)利润率(%)	成本费用利润率(%)	总资产周转率(%)	流动资产周转率(%)	存　货周转率(次)
河　南	6.01	3.20	1.02	1.00	379.73	441.72	—
湖　北	6.21	3.47	11.34	15.30	33.45	112.34	21.01
湖　南	—	—	—	—	—	—	—
广　东	—	—	—	—	—	—	—
广　西	-1.11	-0.77	—	-97.81	0.02	0.05	—
海　南	—	—	—	—	—	—	—
重　庆	0.43	0.89	-4.71	2.71	10.07	36.89	37.82
四　川	-3.80	0.36	-28.82	-16.22	4.51	10.62	0.38
贵　州	—	—	—	—	—	—	—
云　南	0.26	1.57	-2.60	0.72	16.81	59.83	206.79
陕　西	2.14	2.11	1.09	3.44	39.68	77.52	1.59
甘　肃	—	—	-1.33	-1.31	—	—	—
青　海	-13.88	-8.48	-5.44	-36.69	22.14	109.40	31.19
宁　夏	—	—	—	—	—	—	—
新　疆	—	—	—	—	—	—	—
西　藏	—	—	—	—	—	—	—

续表

	偿债能力状况				发展能力状况		
应收账款周转率(次)	资产负债率(%)	流动比率(%)	速动比率(%)	长期资产适合率(%)	销售增长率(%)	资本积累率(%)	总资产增长率(%)
—	35.08	266.70	—	781.88	12.27	2.10	12.06
74.60	49.16	110.42	110.19	186.00	23.87	22.25	42.85
—	—	—	—	—	—	—	—
—	—	—	—	—	—	—	—
—	38.84	616.57	—	167.67	–74.84	3.17	36.10
—	—	—	—	—	—	—	—
14.88	60.31	71.20	71.89	238.83	117.20	54.94	47.47
59.94	66.69	163.11	140.02	149.28	37.13	11.98	9.12
—	—	—	—	—	—	—	—
257.17	53.92	75.30	75.11	162.52	12.31	0.11	15.49
18.49	73.15	87.72	62.23	119.86	35.08	22.74	29.17
—	81.20	254.52	225.80	116.51	–30.16	—	—
7.23	48.20	309.08	303.99	129.98	1.56	–12.98	24.42
—	—	—	—	—	—	—	—
—	—	—	—	—	—	—	—
—	—	—	—	—	—	—	—

2010 年度全国旅游行业经济效益

地　区	财务效益状况				资产营运状况		
	净资产收益率(%)	总资产报酬率(%)	销售(营业)利润率(%)	成本费用利润率(%)	总资产周转率(%)	流动资产周转率(%)	存　货周转率(次)
全　国	4.12	2.53	9.07	12.39	21.86	73.27	2.87
北　京	-0.25	0.91	-1.72	-5.27	12.13	41.30	3.43
天　津	1.93	0.96	1.66	5.04	27.99	98.47	5.50
河　北	6.22	1.06	3.12	4.01	28.84	164.71	12.11
山　西	1.00	0.44	1.36	5.99	9.16	30.99	0.83
内蒙古	1.45	0.84	1.00	1.68	13.98	33.27	2.93
辽　宁	0.85	0.63	-22.56	2.40	13.33	39.53	0.91
吉　林	3.07	1.86	-1.58	10.17	14.95	28.79	1.77
黑龙江	1.54	1.20	-0.02	6.08	14.88	62.74	4.63
上　海	8.99	4.18	20.40	26.18	20.73	61.72	0.74
江　苏	-0.51	0.47	1.29	2.38	15.53	48.36	1.65
浙　江	3.38	2.20	9.14	15.76	13.36	50.70	2.07
安　徽	5.31	3.78	8.13	10.87	26.37	96.32	11.02
福　建	9.24	5.66	17.95	22.13	37.91	108.12	3.12
江　西	6.38	4.54	13.14	14.85	104.80	319.78	6.90
山　东	12.15	9.11	20.93	34.97	38.96	88.20	3.22

评价主要财务指标表（全部旅游景区）

	偿债能力状况				发展能力状况		
应收账款周转率(次)	资产负债率(%)	流动比率(%)	速动比率(%)	长期资产适合率(%)	销售增长率(%)	资本积累率(%)	总资产增长率(%)
6.52	56.94	82.55	74.17	164.57	21.25	17.30	16.79
0.53	67.75	67.26	56.83	584.66	6.05	0.85	3.08
3.03	52.48	56.23	52.71	85.17	10.04	1.95	7.80
10.67	84.66	23.97	21.96	50.98	22.07	3.96	11.10
3.39	73.77	41.47	30.57	93.92	36.55	5.79	20.54
3.54	59.22	75.64	78.58	187.09	30.98	7.93	29.81
21.61	45.58	115.09	112.50	139.04	8.11	11.90	0.86
13.44	47.95	195.09	198.40	232.59	−15.05	96.13	44.93
2.50	22.47	81.49	45.47	117.24	12.41	5.87	−17.21
26.70	58.13	127.11	79.41	170.05	56.62	4.66	2.64
5.46	62.75	96.37	82.81	141.42	35.74	12.40	26.90
28.63	51.69	109.45	113.43	202.80	20.50	45.99	27.46
7.98	52.20	88.15	85.48	183.29	33.66	23.89	25.84
4.47	48.91	101.03	80.24	187.39	10.83	12.55	24.44
18.74	50.91	62.47	43.01	119.55	36.45	15.17	7.79
13.27	43.38	135.81	139.87	204.06	20.80	8.14	16.42

地　区	财务效益状况				资产营运状况		
	净资产收益率(%)	总资产报酬率(%)	销售(营业)利润率(%)	成本费用利润率(%)	总资产周转率(%)	流动资产周转率(%)	存　货周转率(次)
河　南	1.69	1.87	3.26	3.55	26.46	145.43	7.77
湖　北	2.42	1.92	8.67	9.19	18.54	67.47	7.21
湖　南	6.74	5.26	13.47	13.94	34.85	120.39	2.94
广　东	1.67	0.99	1.77	3.09	23.80	76.56	5.54
广　西	6.21	4.54	17.54	29.13	24.83	90.31	16.08
海　南	8.71	6.68	28.70	41.16	26.72	98.75	4.00
重　庆	2.10	1.52	–2.98	4.50	15.21	55.50	4.06
四　川	2.93	1.94	10.80	12.13	18.04	107.63	8.08
贵　州	0.98	1.87	–0.97	2.36	32.06	71.38	10.34
云　南	3.73	2.61	11.14	13.81	18.80	63.89	4.10
陕　西	–6.03	–3.58	–23.93	–18.76	16.33	92.74	5.36
甘　肃	19.83	10.92	31.10	57.33	17.17	71.59	1.04
青　海	–6.90	1.78	–31.95	4.71	30.96	204.48	4.37
宁　夏	10.61	6.80	19.80	27.04	29.31	157.95	9.49
新　疆	5.28	2.97	14.87	18.33	20.38	59.93	0.62
西　藏	—	—	—	—	—	—	—

续表

	偿债能力状况				发展能力状况		
应收账款周转率(次)	资产负债率(%)	流动比率(%)	速动比率(%)	长期资产适合率(%)	销售增长率(%)	资本积累率(%)	总资产增长率(%)
18.02	51.17	51.27	43.79	132.56	14.89	52.03	34.30
8.90	49.23	93.83	76.91	180.35	20.46	5.34	18.32
10.43	50.00	104.09	82.48	193.28	27.04	16.03	9.09
15.85	70.28	73.48	70.67	157.74	22.48	-1.06	6.64
6.28	41.67	116.26	123.74	184.70	23.07	23.67	23.29
37.85	29.41	136.54	144.57	337.61	11.73	18.36	3.61
5.28	63.62	73.51	71.87	181.62	-4.22	3.01	19.95
13.67	61.25	42.27	38.04	88.96	18.87	4.99	7.52
135.94	54.06	100.77	100.89	133.49	24.60	35.51	25.38
15.82	44.85	74.90	62.03	158.84	7.23	37.54	23.40
9.63	43.90	61.80	56.48	151.12	36.31	8.67	18.59
12.84	38.28	70.21	70.78	121.45	7.49	22.62	9.97
3.28	18.73	82.34	81.88	107.02	97.66	54.13	1.58
23.71	45.79	87.07	87.21	124.06	21.43	27.38	27.66
7.91	61.64	70.11	48.26	104.18	53.64	-2.27	2.95
—	—	—	—	—	—	—	—

2010 年度全国旅游行业经济效益

地　区	财务效益状况				资产营运状况		
	净资产收益率(%)	总资产报酬率(%)	销售(营业)利润率(%)	成本费用利润率(%)	总资产周转率(%)	流动资产周转率(%)	存　货周转率(次)
全　国	0.64	0.97	0.94	5.11	19.24	60.91	3.17
北　京	-5.38	-0.97	-3.50	-3.81	28.92	66.14	2.93
天　津	0.14	0.18	-3.44	2.12	5.73	40.19	—
河　北	5.09	3.92	12.51	14.51	30.43	189.16	2.69
山　西	1.00	0.44	-3.52	1.74	6.10	17.67	2.40
内蒙古	0.42	0.40	0.49	0.90	14.44	37.23	3.92
辽　宁	0.74	0.88	0.26	1.78	24.71	83.98	1.34
吉　林	1.96	0.95	-1.30	7.25	16.00	25.10	1.97
黑龙江	1.68	1.25	0.52	6.89	14.33	52.12	13.73
上　海	-4.23	-1.14	-14.87	-4.83	17.03	62.54	14.49
江　苏	-1.10	-0.26	0.39	-3.91	11.81	34.25	0.91
浙　江	1.48	1.25	-7.63	4.18	14.37	45.95	2.73
安　徽	5.61	3.38	9.04	13.18	28.22	88.88	9.88
福　建	1.35	1.17	6.43	6.24	24.99	126.78	11.55
江　西	5.40	3.45	3.20	3.32	149.51	354.12	8.04
山　东	2.58	3.84	0.95	36.81	20.91	67.20	1.14

评价主要财务指标表（自然类旅游景区）

	偿债能力状况				发展能力状况		
应收账款周转率(次)	资产负债率(%)	流动比率(%)	速动比率(%)	长期资产适合率(%)	销售增长率(%)	资本积累率(%)	总资产增长率(%)
8.52	55.61	89.17	83.10	166.64	19.35	15.82	17.77
90.87	86.12	90.87	29.05	348.63	9.61	–5.15	0.20
3.29	18.18	85.99	85.60	196.95	6.38	0.13	6.37
14.70	35.65	56.87	111.01	152.17	14.17	17.14	19.07
1.50	64.70	47.90	34.53	151.59	5.33	5.79	7.77
3.54	59.31	82.17	79.77	177.88	34.74	4.26	47.44
24.75	26.40	139.94	140.14	145.61	11.84	18.89	15.53
12.96	45.71	234.11	238.20	312.53	–18.87	139.62	60.38
2.76	20.50	100.87	39.02	131.69	15.32	5.90	–24.58
12.77	78.15	36.29	33.09	141.16	52.86	–18.40	30.11
2.48	51.18	151.28	149.53	195.86	14.36	34.52	42.82
22.16	63.76	68.27	65.38	182.04	11.82	15.88	6.15
13.45	51.66	100.44	99.80	172.33	43.11	14.39	24.58
17.52	50.50	74.88	60.87	176.90	19.17	18.77	35.49
21.28	37.55	147.11	100.28	139.80	27.92	11.00	10.39
6.69	51.97	83.68	87.64	204.78	41.12	16.64	26.14

地　区	财务效益状况				资产营运状况		
	净资产收益率(%)	总资产报酬率(%)	销售(营业)利润率(%)	成本费用利润率(%)	总资产周转率(%)	流动资产周转率(%)	存　货周转率(次)
河　南	0.84	1.46	1.55	1.16	26.48	147.99	9.32
湖　北	-0.46	0.72	2.83	2.30	16.89	96.38	9.31
湖　南	1.42	2.72	6.81	4.69	28.57	110.95	2.27
广　东	-7.16	-2.35	-15.93	-11.50	15.79	37.64	4.14
广　西	10.63	7.53	22.25	37.87	32.35	97.54	19.19
海　南	10.20	8.03	31.67	47.29	26.41	91.17	9.65
重　庆	1.85	1.28	-3.51	9.39	16.04	58.86	12.14
四　川	1.71	2.30	4.01	4.73	13.74	57.64	5.95
贵　州	-5.68	-2.07	-10.38	-9.18	26.69	80.72	9.24
云　南	2.47	2.13	10.25	11.94	14.24	47.76	3.49
陕　西	-6.57	-3.83	-47.66	-30.48	8.30	69.13	5.65
甘　肃	20.52	11.41	42.70	74.12	28.17	79.25	1.10
青　海	—	—	16.05	19.12	130.35	389.69	85.27
宁　夏	9.30	6.49	15.61	19.17	39.40	332.75	6.83
新　疆	2.81	1.42	12.46	10.83	17.79	56.04	5.41
西　藏	—	—	—	—	—	—	—

续表

	偿债能力状况				发展能力状况		
应收账款周转率(次)	资产负债率(%)	流动比率(%)	速动比率(%)	长期资产适合率(%)	销售增长率(%)	资本积累率(%)	总资产增长率(%)
21.46	53.30	47.34	39.32	109.56	14.93	29.53	24.85
4.95	51.57	62.63	71.00	157.51	25.84	1.92	14.01
11.22	52.88	90.01	66.09	186.17	30.01	9.93	7.08
8.15	70.54	86.68	83.26	135.90	14.89	–5.49	1.16
5.86	42.15	126.46	129.71	146.51	21.43	42.84	31.35
31.69	23.59	241.27	239.35	476.99	25.11	21.20	5.02
8.88	61.58	82.66	81.86	214.61	30.98	1.89	23.25
5.41	57.95	91.28	85.57	158.91	43.82	5.62	8.33
135.94	52.29	88.13	89.52	125.35	46.91	41.70	32.10
8.89	55.60	77.11	60.26	147.47	10.53	3.62	23.60
5.37	40.40	59.48	42.34	147.19	16.77	2.45	13.16
23.55	40.02	115.08	80.84	145.76	12.94	23.66	16.82
—	59.50	41.16	40.74	54.21	69.06	—	102.41
20.07	36.71	45.97	42.91	106.34	20.97	14.15	2.19
24.98	62.32	65.53	57.97	111.79	53.06	1.75	18.36
—	—	—	—	—	—	—	—

2010 年度全国旅游行业经济效益

地　区	财务效益状况				资产营运状况		
	净资产收益率(%)	总资产报酬率(%)	销售(营业)利润率(%)	成本费用利润率(%)	总资产周转率(%)	流动资产周转率(%)	存　货周转率(次)
全　国	12.85	7.86	20.94	27.46	37.23	84.57	5.65
北　京	17.39	10.80	22.80	33.06	38.87	67.68	0.69
天　津	60.19	6.73	2.21	8.83	109.24	111.14	76.57
河　北	-6.06	-2.37	-16.86	-10.03	13.27	66.12	5.03
山　西	—	—	4.89	10.55	17.39	108.54	0.20
内蒙古	14.72	1.87	18.87	21.68	12.81	23.57	4.28
辽　宁	0.04	0.01	-375.60	0.24	1.66	4.52	0.44
吉　林	1.72	1.38	-17.21	-8.85	15.63	103.69	1.40
黑龙江	7.98	7.98	58.11	138.73	13.73	182.01	—
上　海	-4.37	-3.76	-210.15	-49.24	19.47	20.03	—
江　苏	11.23	6.75	15.38	22.72	38.61	89.14	5.84
浙　江	-1.64	0.23	-7.97	-6.39	8.92	24.54	2.26
安　徽	6.46	5.56	22.59	28.76	20.73	109.38	36.40
福　建	7.16	5.16	10.96	24.86	20.66	47.40	5.88
江　西	-2.88	-2.76	24.54	32.62	22.05	153.16	—
山　东	20.64	15.91	27.65	37.81	65.39	103.30	5.74

评价主要财务指标表（文物类旅游景区）

	偿债能力状况				发展能力状况		
应收账款周转率(次)	资产负债率(%)	流动比率(%)	速动比率(%)	长期资产适合率(%)	销售增长率(%)	资本积累率(%)	总资产增长率(%)
10.48	46.40	126.67	124.24	214.16	19.47	31.57	26.90
—	40.87	199.05	245.77	236.45	8.93	18.28	11.54
1.54	86.59	112.71	112.07	671.28	8.26	86.10	–0.68
2.87	55.04	48.99	46.03	126.37	26.14	20.00	27.02
26.31	96.15	28.88	27.65	38.74	90.65	—	70.38
3.82	32.45	101.26	93.58	133.80	–9.88	122.14	–77.84
—	59.23	117.30	113.58	130.47	–4.83	0.05	–11.18
15.79	28.50	51.86	34.41	119.65	–12.42	1.86	1.11
—	—	—	—	110.14	14.65	67.54	67.54
14.96	86.94	110.77	—	—	–0.26	–4.28	16.13
32.16	46.21	138.72	116.21	208.13	42.90	21.83	28.83
10.42	70.32	77.74	78.31	319.60	22.01	51.08	36.11
3.04	44.62	73.25	88.51	252.84	18.97	53.86	35.31
4.27	50.50	103.38	126.29	295.11	53.07	106.44	91.89
—	59.71	42.08	29.97	108.62	9.22	–2.84	–2.02
17.64	30.10	300.74	279.91	266.15	17.61	12.36	18.12

地区	财务效益状况				资产营运状况		
	净资产收益率(%)	总资产报酬率(%)	销售(营业)利润率(%)	成本费用利润率(%)	总资产周转率(%)	流动资产周转率(%)	存货周转率(次)
河南	2.08	1.69	12.44	13.36	18.31	125.57	12.55
湖北	-8.22	-4.65	-9.99	-6.91	57.28	193.78	28.57
湖南	26.96	15.50	61.77	67.94	24.44	66.44	22.17
广东	-8.83	-4.25	-25.91	-20.81	19.22	79.20	6.07
广西	-2.80	-1.32	-9.43	-9.05	14.56	43.90	7.41
海南	—	—	—	—	—	—	—
重庆	3.80	2.60	2.96	15.10	11.93	52.46	1.61
四川	0.12	0.10	-2.94	-1.06	11.57	223.50	7.91
贵州	—	—	—	—	—	—	—
云南	-3.60	-1.07	-47.99	-29.46	39.83	149.93	2.54
陕西	8.04	3.58	5.11	4.92	115.99	245.99	5.92
甘肃	-3.31	-1.99	27.35	37.64	2.65	44.14	1.17
青海	-2.00	4.08	-53.77	6.13	2.77	238.28	—
宁夏	16.77	12.37	46.48	84.44	28.58	91.10	28.69
新疆	9.34	6.63	6.42	6.86	36.23	190.41	—
西藏	—	—	—	—	—	—	—

续表

	偿债能力状况				发展能力状况		
应收账款周转率(次)	资　产负债率(%)	流动比率(%)	速动比率(%)	长期资产适合率(%)	销　售增长率(%)	资　本积累率(%)	总资产增长率(%)
2.82	22.75	56.87	43.68	329.98	13.36	279.60	166.42
17.01	43.29	189.94	101.49	291.63	−32.62	51.46	32.08
67.92	48.08	205.82	186.88	371.22	−1.62	72.77	34.83
90.83	72.48	57.68	53.68	109.65	27.18	−5.52	4.81
49.31	59.60	56.03	43.13	236.81	125.13	−12.27	20.24
—	—	—	—	—	—	—	—
1.91	52.73	63.99	1.59	374.68	12.95	11.68	12.63
19.70	18.09	61.21	62.43	142.62	21.61	0.11	5.20
—	—	—	—	—	—	—	—
6.26	69.06	51.02	66.08	146.33	24.90	−3.43	12.71
13.80	59.88	84.79	73.42	113.60	49.37	8.38	36.46
6.89	9.61	99.04	43.80	96.65	−28.39	−3.01	−0.55
3.28	15.71	104.15	103.04	109.28	28.12	73.27	10.61
35.75	22.76	323.43	452.00	163.41	17.61	98.01	56.15
384.62	95.68	21.63	—	5.45	62.31	59.70	−3.60
—	—	—	—	—	—	—	—

2010 年度全国旅游行业经济效益

地　区	财务效益状况				资产营运状况		
	净资产收益率(%)	总资产报酬率(%)	销售(营业)利润率(%)	成本费用利润率(%)	总资产周转率(%)	流动资产周转率(%)	存　货周转率(次)
全　国	5.52	2.94	11.61	14.24	21.36	83.58	2.38
北　京	-0.63	0.88	-5.24	-12.38	7.32	29.22	5.39
天　津	1.00	0.38	1.82	2.65	25.04	106.43	3.72
河　北	8.07	0.91	2.63	3.47	29.30	167.13	14.49
山　西	—	—	—	—	70.95	388.68	—
内蒙古	6.52	3.13	-2.74	0.39	12.05	23.71	0.14
辽　宁	74.07	49.21	20.02	25.57	62.25	86.26	1.15
吉　林	7.36	5.18	-1.43	26.25	11.34	78.02	0.82
黑龙江	1.09	0.94	-2.04	3.62	16.07	100.19	2.48
上　海	9.84	4.69	23.98	30.48	21.10	61.72	0.69
江　苏	-2.00	0.27	-1.85	1.15	15.52	52.72	2.00
浙　江	4.66	3.07	20.83	28.05	13.75	63.95	1.80
安　徽	-1.29	0.95	-22.63	-18.77	30.08	128.18	12.30
福　建	27.24	16.57	27.93	38.83	74.13	106.58	2.43
江　西	7.79	6.10	18.27	19.38	45.56	224.81	3.97
山　东	4.46	3.37	11.62	14.82	16.17	58.36	1.46

评价主要财务指标表（主题类旅游景区）

	偿债能力状况				发展能力状况		
应收账款周转率(次)	资产负债率(%)	流动比率(%)	速动比率(%)	长期资产适合率(%)	销售增长率(%)	资本积累率(%)	总资产增长率(%)
4.92	60.51	68.70	59.08	153.87	23.48	15.44	14.07
0.30	64.79	58.35	58.09	728.79	2.59	0.65	3.41
136.81	63.11	39.97	35.40	51.86	11.80	1.03	9.97
10.89	90.27	22.72	21.11	31.82	22.77	-3.85	9.88
—	100.00	100.00	—	100.00	-9.54	—	-6.01
3.06	60.84	50.82	67.83	351.08	30.82	24.80	24.96
7.88	257.90	27.83	26.02	—	-17.83	84.27	14.00
15.16	58.40	57.32	54.11	116.83	9.64	7.64	6.17
2.16	25.90	62.35	50.53	97.29	7.42	4.46	-0.53
29.94	55.80	164.36	97.84	171.27	56.98	6.34	0.28
7.93	72.36	69.19	58.66	109.11	45.26	-8.06	17.59
48.22	41.89	192.31	211.82	200.41	25.83	58.07	39.34
5.84	76.87	50.37	6.95	122.83	16.79	8.40	10.87
2.62	43.59	156.89	107.99	198.54	2.67	-13.39	-9.92
12.27	26.02	131.56	81.60	141.68	94.19	20.95	4.52
7.32	51.98	60.32	58.64	124.34	12.71	-12.59	0.09

地 区	财务效益状况				资产营运状况		
	净资产收益率(%)	总资产报酬率(%)	销售(营业)利润率(%)	成本费用利润率(%)	总资产周转率(%)	流动资产周转率(%)	存 货周转率(次)
河 南	9.03	4.50	6.29	10.16	34.15	145.50	4.08
湖 北	8.55	4.65	24.79	32.56	19.75	42.51	3.30
湖 南	14.11	8.61	15.14	19.09	60.52	167.61	4.65
广 东	12.75	5.70	13.78	16.34	35.01	211.53	13.33
广 西	-1.54	-0.61	-17.35	-13.17	8.22	72.32	8.75
海 南	-5.39	-3.09	-81.50	-44.55	28.21	155.69	2.33
重 庆	1.94	1.55	-3.22	-2.35	14.99	52.87	2.51
四 川	5.68	1.74	15.23	17.55	23.40	224.02	9.28
贵 州	17.52	8.48	11.49	21.45	43.73	61.87	12.07
云 南	5.25	3.32	14.48	18.47	24.28	83.78	4.40
陕 西	-7.85	-5.89	-78.57	-45.27	8.48	29.85	3.27
甘 肃	31.05	14.75	-75.86	58.48	5.20	38.96	0.89
青 海	-24.22	-5.86	-68.39	-5.66	61.72	123.28	1.55
宁 夏	7.69	4.22	8.75	26.31	10.97	46.02	32.99
新 疆	9.26	5.22	18.38	29.93	24.25	64.31	0.23
西 藏	—	—	—	—	—	—	—

续表

	偿债能力状况				发展能力状况		
应收账款周转率(次)	资产负债率(%)	流动比率(%)	速动比率(%)	长期资产适合率(%)	销售增长率(%)	资本积累率(%)	总资产增长率(%)
79.18	75.77	73.33	64.95	181.65	15.47	1.93	11.15
76.42	46.26	128.33	84.51	218.96	26.23	9.45	26.56
8.17	41.42	115.05	91.82	167.20	29.25	16.72	5.59
86.70	69.83	49.01	47.53	191.09	27.54	4.75	14.77
16.88	35.20	143.76	114.76	445.26	14.17	–2.53	5.62
345.57	57.90	31.01	21.26	87.03	–24.02	–5.25	–2.79
4.88	67.57	66.85	64.48	139.15	–26.66	2.08	18.19
84.98	70.08	15.88	13.48	43.25	7.79	5.79	6.94
—	58.18	119.08	116.60	175.30	3.71	21.42	12.05
37.47	29.81	72.12	65.73	174.05	4.21	91.95	23.41
11.79	50.87	53.27	77.97	191.59	52.23	38.78	35.84
2.43	70.38	22.06	46.81	92.53	–20.30	36.31	4.67
—	67.22	51.88	44.90	78.66	185.64	3.74	–51.18
43.08	71.59	108.93	108.69	136.20	31.01	11.64	74.86
5.37	59.77	80.55	29.36	93.36	54.15	–8.49	–17.19
—	—	—	—	—	—	—	—

2010 年度全国旅游行业经济效益

地　区	财务效益状况				资产营运状况		
	净资产收益率(%)	总资产报酬率(%)	销售(营业)利润率(%)	成本费用利润率(%)	总资产周转率(%)	流动资产周转率(%)	存　货周转率(次)
全　国	6.28	3.77	6.95	7.89	46.18	133.44	3.06
北　京	—	—	—	—	—	—	—
天　津	—	—	—	—	—	—	—
河　北	-8.22	-2.05	-3.52	-8.37	36.10	119.93	14.72
山　西	-8.26	-1.33	-1.66	-1.08	75.06	232.03	9.71
内蒙古	1.74	0.87	3.38	6.40	21.31	65.74	14.84
辽　宁	-15.97	-1.46	-20.93	-17.12	9.35	28.08	4.08
吉　林	-0.14	-0.13	-10.27	-9.04	37.33	104.77	6.25
黑龙江	-6.45	-4.95	-33.52	-20.12	19.17	44.05	4.29
上　海	24.77	13.78	8.43	9.36	184.51	490.05	17.40
江　苏	2.67	1.97	4.76	4.41	40.59	88.58	9.83
浙　江	35.70	11.20	10.70	11.93	147.51	221.16	74.06
安　徽	16.65	10.44	16.78	19.78	68.17	245.03	5.81
福　建	8.65	5.29	6.87	15.33	43.15	95.83	1.82
江　西	6.99	5.05	22.82	31.99	21.07	42.58	0.29
山　东	4.38	1.56	2.34	3.28	60.88	146.01	1.98

评价主要财务指标表（其他旅游企业）

	偿债能力状况				发展能力状况		
应收账款周转率(次)	资产负债率(%)	流动比率(%)	速动比率(%)	长期资产适合率(%)	销售增长率(%)	资本积累率(%)	总资产增长率(%)
17.07	54.49	91.36	68.08	191.93	20.19	16.30	19.64
—	—	—	—	—	—	—	—
—	—	—	—	—	—	—	—
7.59	68.34	63.27	56.54	131.08	15.69	−6.36	−4.06
9.83	88.25	29.39	38.59	51.74	0.83	0.87	5.68
3.14	57.86	70.01	49.89	105.51	6.46	−11.10	23.39
2.06	92.94	44.77	43.27	133.97	34.60	−14.51	34.94
5.29	49.32	78.17	287.09	142.36	−8.56	−0.14	13.17
35.61	28.57	161.71	35.69	173.79	−12.08	2.17	0.05
60.73	45.89	96.87	78.03	97.78	77.34	30.85	27.83
7.32	47.88	191.34	171.71	224.82	4.16	22.42	22.91
94.19	68.25	105.58	110.85	168.66	22.45	40.27	31.69
7.53	48.76	88.18	67.76	111.74	51.58	17.10	25.94
8.96	28.50	132.54	186.33	196.70	10.83	47.95	—
17.17	42.36	148.76	65.77	168.47	2.01	6.98	10.63
8.15	66.81	68.08	50.38	105.10	−1.46	3.95	10.04

地 区	财务效益状况				资产营运状况		
	净资产收益率(%)	总资产报酬率(%)	销售(营业)利润率(%)	成本费用利润率(%)	总资产周转率(%)	流动资产周转率(%)	存 货周转率(次)
河 南	0.22	0.18	4.77	-5.33	30.90	256.17	9.72
湖 北	-0.64	-0.22	-8.13	-6.84	17.88	48.10	0.37
湖 南	9.43	4.69	5.01	7.33	77.36	178.88	2.65
广 东	2.80	1.39	-3.50	-3.44	84.15	182.54	4.93
广 西	10.40	6.66	18.52	22.05	28.28	93.73	4.38
海 南	6.48	1.52	-8.58	-8.65	17.76	54.39	0.13
重 庆	0.33	0.37	0.56	1.76	17.71	118.50	2.22
四 川	13.45	8.24	13.14	15.21	53.60	272.30	12.39
贵 州	-1.01	-0.76	-4.99	-4.42	40.00	157.54	12.44
云 南	2.36	1.94	8.86	8.46	20.65	50.39	0.28
陕 西	-15.43	-4.24	-29.49	-22.77	14.38	42.97	1.34
甘 肃	2.07	1.41	-0.16	-1.39	102.08	204.31	2.37
青 海	-1.35	-0.56	-1.07	-2.31	23.92	53.05	—
宁 夏	8.44	5.71	0.91	1.19	174.60	233.52	16.98
新 疆	-2.15	-0.53	-6.44	-6.07	31.97	83.33	5.69
西 藏	—	—	—	—	—	—	—

续表

	偿债能力状况				发展能力状况		
应收账款周转率(次)	资产负债率(%)	流动比率(%)	速动比率(%)	长期资产适合率(%)	销售增长率(%)	资本积累率(%)	总资产增长率(%)
20.03	144.08	14.64	21.09	105.49	−2.63	−1.14	−3.47
15.14	72.63	56.04	37.24	153.09	38.17	28.40	20.01
15.64	53.24	97.41	47.62	120.06	−8.19	4.37	4.03
32.62	98.00	58.19	53.94	152.99	52.70	4.49	20.48
9.68	43.72	119.03	102.33	143.82	17.64	72.19	29.76
27.04	94.93	147.40	41.78	176.74	63.60	6.70	19.38
29.38	35.45	133.61	90.01	—	23.54	5.75	25.13
27.75	53.22	73.57	63.16	104.46	24.09	19.16	8.39
8.42	58.86	103.26	106.48	128.72	−7.72	−2.30	1.09
22.68	41.36	124.87	33.83	154.98	29.51	11.26	10.35
—	74.61	51.15	50.90	43.68	5.81	−1.37	16.02
17.76	73.89	83.95	40.36	189.80	−2.99	2.12	3.21
2.44	58.64	87.83	69.78	87.55	64.37	−1.34	−1.09
41.01	55.59	137.71	128.93	—	32.39	8.82	13.73
1.93	92.17	40.73	39.72	46.88	83.02	−2.65	78.77
—	—	—	—	—	—	—	—

2010 年度全国旅游行业经济效益

地 区	人均增加值(元)				
	全国旅游行业	旅行社	旅游饭店	旅游景区	旅游集团
全 国	68098.59	56213.00	63359.21	78811.24	103500.24
北 京	100800.14	91607.87	98042.90	76969.50	111753.73
天 津	53947.83	41353.12	48872.63	121647.62	—
河 北	42354.06	14129.95	45845.87	52448.18	—
山 西	27274.16	20186.18	29768.69	11793.39	—
内蒙古	41170.23	20512.77	54024.24	21066.28	2759.33
辽 宁	59269.22	32346.73	66783.64	78420.28	—
吉 林	61998.30	18690.44	74946.23	45403.89	—
黑龙江	46568.93	32839.37	55429.59	44106.02	24827.08
上 海	119048.46	108922.09	117485.39	146724.50	129107.31
江 苏	60068.13	54568.59	61575.16	54856.98	103723.48
浙 江	76253.65	49065.94	58656.07	85565.22	134106.76
安 徽	65578.38	30579.07	40636.75	56294.71	170514.42
福 建	65065.69	117604.04	51641.84	101654.82	—
江 西	39041.93	19607.83	44576.32	27270.36	—
山 东	81709.15	34861.20	73763.65	155739.09	—

评价补充财务指标表（全部旅游企业）

	人均财政贡献(元)					
其他旅游企业	全国旅游行业	旅行社	旅游饭店	旅游景区	旅游集团	其他旅游企业
75115.06	14317.31	11569.59	11898.15	16682.48	29827.09	19208.61
—	24082.02	16791.75	19604.34	9384.22	34762.13	—
—	12324.23	5421.41	9125.55	50338.36	—	—
32031.65	6926.13	1702.13	8350.51	2996.06	—	6788.82
24924.59	4613.73	3047.72	5235.56	1122.14	—	5069.18
26880.75	7127.50	2979.23	8934.22	3390.67	—	5032.73
23597.54	10134.70	5572.51	10861.50	6784.95	—	9852.17
27636.42	7327.18	3169.99	7537.78	11144.85	—	7773.19
1630.58	8032.09	5276.53	10538.28	3146.63	7351.61	6668.03
127301.62	17363.77	12677.26	18070.73	17637.07	19516.87	27149.79
47895.25	12176.77	9910.09	12600.17	10545.20	26333.51	10836.94
324803.14	18542.35	7659.46	12172.18	15632.06	41754.27	121915.29
85217.51	14485.55	2912.21	6985.30	8763.99	49517.18	17293.87
83599.11	21131.18	84941.17	10197.77	27352.31	—	28852.73
58526.85	5612.22	3318.80	6567.26	4023.18	—	5537.32
43692.13	17193.30	5353.37	9417.42	59812.19	—	5809.02

地　区	人均增加值(元)				
	全国旅游行业	旅行社	旅游饭店	旅游景区	旅游集团
河　南	41279.60	17775.86	38621.63	64268.30	54607.27
湖　北	38693.21	31521.76	40086.60	45020.85	72655.50
湖　南	46458.08	30378.83	44788.86	59476.99	—
广　东	82116.44	66488.40	76797.82	114985.68	—
广　西	51412.36	22429.94	54167.13	48313.74	-67735.60
海　南	75705.25	23245.11	88767.60	83717.44	—
重　庆	55595.96	26798.57	67695.69	43635.11	32699.84
四　川	52882.50	34645.32	43261.29	89427.58	57240.51
贵　州	45465.25	24708.78	49579.70	38597.55	—
云　南	53927.34	35122.89	51083.62	62967.21	55700.73
陕　西	42541.25	19793.77	47468.75	14641.50	45654.79
甘　肃	29211.92	23123.59	30106.69	29348.88	—
青　海	29714.64	15986.85	30262.46	-1093.15	55178.53
宁　夏	52193.05	23061.95	42231.07	78324.16	—
新　疆	97667.13	41819.69	107344.33	80280.49	—
西　藏	29954.05	—	29954.05	—	—

续表

	人均财政贡献(元)					
其他旅游企业	全国旅游行业	旅行社	旅游饭店	旅游景区	旅游集团	其他旅游企业
24712.45	6687.86	1929.46	5305.52	14463.60	8826.19	2989.47
10600.29	6521.29	4669.76	6761.45	7780.73	13713.22	1925.63
57365.87	8138.52	4327.18	6883.80	14132.27	—	12137.18
58031.41	18673.48	11547.93	20216.62	19300.18	—	10037.72
64061.47	7834.81	2410.37	8531.49	7207.04	—	9446.11
95806.49	10532.45	3653.16	11045.91	14250.96	—	33381.35
52911.98	9200.95	2850.54	9328.85	8861.90	5205.03	19591.84
116264.28	8761.97	4594.62	8266.39	6269.82	8810.17	20371.31
30045.73	6502.60	4784.17	7087.64	4518.69	—	4651.43
90313.82	8971.64	2910.11	7586.68	14125.46	7197.06	20833.67
15609.23	9171.12	2170.07	9247.67	4470.40	11373.30	1590.74
28329.47	5626.87	1323.61	6509.46	2213.35	—	8464.98
40042.88	4567.69	1921.37	5082.18	1638.35	3279.88	4333.33
37569.89	7874.20	2565.53	7926.02	8948.00	—	11858.95
81548.42	37675.35	5974.24	43671.45	26736.27	—	4333.83
—	3956.23	—	3956.23	—	—	—

2010 年度全国旅游行业经济效益

地　区	入境旅游收入比率(%)	自联入境旅游收入比率(%)	国内旅游收入比率(%)
全　国	12.32	5.83	61.55
北　京	16.80	9.06	39.26
天　津	8.11	5.56	68.83
河　北	3.36	1.38	86.42
山　西	7.81	2.38	80.68
内蒙古	4.95	1.92	86.40
辽　宁	14.34	1.60	56.35
吉　林	16.42	2.74	64.17
黑龙江	25.32	11.76	52.78
上　海	11.03	5.85	61.24
江　苏	9.38	3.66	70.39
浙　江	8.07	4.71	71.00
安　徽	5.27	1.52	89.88
福　建	15.67	5.60	68.88
江　西	9.01	0.48	80.65
山　东	15.67	9.04	60.72

评价补充财务指标表（全部旅行社）

出境旅游收入比率（%）	自联入境旅游收入毛利率（%）	国内旅游收入毛利率（%）	出境旅游收入毛利率（%）
26.13	8.50	6.86	5.81
43.94	9.22	5.06	5.65
23.06	5.50	6.06	6.82
10.22	7.77	6.78	6.73
11.51	5.58	4.11	4.65
8.65	7.40	8.67	7.20
29.31	11.37	5.34	4.96
19.41	3.20	8.90	4.32
21.90	10.91	7.70	8.43
27.73	9.05	7.82	5.33
20.23	4.91	7.77	4.59
20.93	9.47	7.04	5.36
4.85	4.01	6.55	8.49
15.45	5.16	5.36	5.03
10.34	16.19	6.33	11.18
23.61	6.77	7.04	9.12

地　区	入境旅游收入比率(%)	自联入境旅游收入比率(%)	国内旅游收入比率(%)
河　南	7.95	3.90	77.78
湖　北	13.32	5.47	74.67
湖　南	16.10	1.10	66.71
广　东	8.78	5.15	58.19
广　西	6.82	2.65	76.85
海　南	8.21	6.19	89.28
重　庆	13.08	6.97	72.31
四　川	18.60	6.58	67.79
贵　州	16.84	12.61	67.43
云　南	10.82	2.27	78.15
陕　西	19.50	9.41	71.43
甘　肃	8.82	4.12	83.01
青　海	9.83	2.71	80.45
宁　夏	2.86	0.74	87.54
新　疆	11.81	6.61	75.86
西　藏	—	—	—

续表

出境旅游收入比率(%)	自联入境旅游收入毛利率(%)	国内旅游收入毛利率(%)	出境旅游收入毛利率(%)
14.27	2.62	7.95	6.08
12.01	15.99	7.15	8.72
17.19	5.96	7.40	4.04
33.03	10.10	9.41	7.29
16.33	3.99	6.66	3.08
2.51	7.88	3.89	6.41
14.61	3.43	3.81	5.57
13.61	6.43	5.11	4.44
15.73	5.51	3.62	1.65
11.03	6.05	6.69	3.15
9.07	8.69	5.51	5.76
8.17	5.61	5.44	7.11
9.72	7.46	6.95	4.40
9.60	11.00	5.84	4.84
12.33	8.97	3.85	4.94
—	—	—	—

2010年度全国旅游行业经济效益

地　区	入境旅游收入比率(%)	自联入境旅游收入比率(%)	国内旅游收入比率(%)
全　国	15.86	7.80	44.69
北　京	15.97	8.69	36.41
天　津	11.71	8.04	50.19
河　北	7.62	4.75	56.37
山　西	11.26	4.04	64.23
内蒙古	10.05	5.15	66.81
辽　宁	18.10	2.01	43.41
吉　林	14.71	4.29	43.11
黑龙江	26.74	11.57	47.20
上　海	18.30	9.89	27.40
江　苏	14.77	5.94	51.11
浙　江	15.16	9.64	40.38
安　徽	3.83	0.02	76.34
福　建	19.15	6.87	60.87
江　西	19.86	1.07	53.42
山　东	20.64	12.09	47.05

评价补充财务指标表（经营出境游旅行社）

出境旅游收入比率(%)	自联入境旅游收入毛利率(%)	国内旅游收入毛利率(%)	出境旅游收入毛利率(%)
39.45	8.19	6.09	5.81
47.62	8.84	4.81	5.65
38.10	5.71	5.60	6.82
36.01	7.77	7.08	6.73
24.51	6.01	4.12	4.65
23.14	7.40	5.28	7.20
38.49	11.28	4.42	4.96
42.18	2.93	12.76	4.32
26.06	11.26	7.38	8.43
54.30	7.84	4.61	5.33
34.12	4.93	5.29	4.59
44.46	9.50	7.86	5.36
19.83	8.96	6.48	8.49
19.98	4.85	4.97	5.03
26.72	19.07	8.67	11.18
32.31	6.59	7.57	9.12

地　区	入境旅游收入比率(%)	自联入境旅游收入比率(%)	国内旅游收入比率(%)
河　南	16.77	8.55	51.66
湖　北	21.83	10.20	55.49
湖　南	24.49	1.59	45.28
广　东	8.76	5.44	52.54
广　西	7.74	4.15	61.22
海　南	19.11	16.92	72.06
重　庆	18.24	10.10	55.96
四　川	21.60	9.51	55.47
贵　州	26.17	20.87	47.58
云　南	12.98	3.94	67.04
陕　西	27.19	8.13	53.34
甘　肃	16.76	10.69	56.14
青　海	16.10	7.00	55.88
宁　夏	2.50	—	78.12
新　疆	12.77	7.47	71.64
西　藏	—	—	—

续表

出境旅游收入比率(%)	自联入境旅游收入毛利率(%)	国内旅游收入毛利率(%)	出境旅游收入毛利率(%)
31.57	2.54	6.49	6.08
22.68	16.07	5.37	8.72
30.23	6.31	4.71	4.04
38.70	10.36	8.73	7.29
31.04	3.79	11.00	3.08
8.83	6.10	4.96	6.41
25.80	3.26	2.91	5.57
22.93	6.64	3.38	4.44
26.25	5.51	2.35	1.65
19.98	6.03	8.54	3.15
19.47	25.78	4.44	5.76
27.10	4.75	3.92	7.11
28.02	7.46	8.29	4.40
19.38	—	4.85	4.84
15.59	8.93	3.41	4.94
—	—	—	—

2010 年度全国旅游行业经济效益

地　区	入境旅游收入比率(%)	自联入境旅游收入比率(%)	国内旅游收入比率(%)
全　国	5.39	1.95	94.61
北　京	26.71	13.52	73.29
天　津	2.59	1.75	97.41
河　北	1.67	0.04	98.33
山　西	4.75	0.91	95.25
内蒙古	1.91	—	98.09
辽　宁	2.33	0.30	97.67
吉　林	17.87	1.43	82.13
黑龙江	17.87	12.78	82.13
上　海	3.43	1.64	96.57
江　苏	1.52	0.35	98.48
浙　江	1.77	0.32	98.23
安　徽	5.74	2.00	94.26
福　建	3.81	1.27	96.19
江　西	2.16	0.11	97.84
山　东	2.18	0.74	97.82

评价补充财务指标表（经营非出境游旅行社）

出境旅游收入比率(%)	自联入境旅游收入毛利率(%)	国内旅游收入毛利率(%)	出境旅游收入毛利率(%)
—	11.12	7.60	—
—	12.23	6.59	—
—	4.06	6.43	—
—	—	6.70	—
—	1.69	4.11	—
—	—	10.15	—
—	12.85	6.72	—
—	3.81	7.05	—
—	8.64	8.72	—
—	16.69	8.78	—
—	4.36	9.68	—
—	7.27	6.75	—
—	3.95	6.57	—
—	10.88	6.21	—
—	10.00	5.48	—
—	14.90	6.22	—

地　区	入境旅游收入比率(%)	自联入境旅游收入比率(%)	国内旅游收入比率(%)
河　南	0.69	0.07	99.31
湖　北	3.73	0.14	96.27
湖　南	5.03	0.46	94.97
广　东	8.87	3.47	91.13
广　西	5.80	0.99	94.20
海　南	3.87	1.92	96.13
重　庆	6.35	2.89	93.65
四　川	14.20	2.29	85.80
贵　州	2.89	0.26	97.11
云　南	8.16	0.22	91.84
陕　西	12.80	10.53	87.20
甘　肃	5.39	1.28	94.61
青　海	6.49	0.43	93.51
宁　夏	3.22	1.47	96.78
新　疆	8.16	3.37	91.84
西　藏	—	—	—

续表

出境旅游收入比率（%）	自联入境旅游收入毛利率（%）	国内旅游收入毛利率（%）	出境旅游收入毛利率（%）
—	10.61	8.58	—
—	11.56	8.21	—
—	4.36	9.10	—
—	7.69	11.84	—
—	8.20	3.56	—
—	12.11	3.56	—
—	7.91	4.52	—
—	5.09	6.60	—
—	—	4.60	—
—	—	4.90	—
—	5.32	6.17	—
—	8.70	5.86	—
—	—	6.40	—
—	11.00	6.17	—
—	10.04	5.26	—
—	—	—	—

2010 年度全国旅游行业经济效益

地　区	平均客房出租率(%)	平均房价(元)	房费收入比　率(%)	餐饮收入比　率(%)
全　国	60.98	312.14	44.26	42.65
北　京	58.74	480.32	45.97	34.44
天　津	46.30	373.25	41.61	43.29
河　北	56.77	256.32	38.01	49.81
山　西	63.44	231.09	45.11	46.80
内蒙古	56.52	230.47	41.50	46.90
辽　宁	57.25	266.85	45.67	42.80
吉　林	52.85	264.62	41.75	48.66
黑龙江	53.66	345.35	57.77	33.75
上　海	68.13	561.48	55.93	32.80
江　苏	59.55	303.92	35.50	52.68
浙　江	61.58	308.09	36.09	51.57
安　徽	57.19	211.66	41.63	47.56
福　建	63.35	287.34	43.05	45.32
江　西	63.67	222.21	51.45	35.08
山　东	59.35	268.16	37.50	48.77

评价补充财务指标表（全部旅游饭店）

商品收入比　率(%)	娱乐收入比　率(%)	餐　饮毛利率(%)	商　品毛利率(%)	娱　乐毛利率(%)
2.19	1.45	49.76	35.50	70.82
3.11	1.28	58.24	40.06	89.01
3.44	0.93	52.35	16.69	87.24
2.32	1.45	43.21	45.19	79.43
1.58	1.49	42.83	46.62	64.81
3.91	0.89	44.02	44.29	69.58
0.85	0.46	47.35	63.76	93.48
0.72	0.37	42.91	50.53	78.22
1.07	0.73	50.37	44.27	55.31
1.18	0.41	57.08	27.56	79.48
3.20	1.25	47.50	25.40	77.76
2.73	1.71	45.41	27.89	73.33
2.40	0.71	47.79	51.71	56.93
0.65	2.80	46.39	41.39	58.40
2.09	0.52	47.43	36.42	92.35
3.56	0.56	43.79	40.74	83.76

地　区	平均客房出租率(%)	平均房价(元)	房费收入比　率(%)	餐饮收入比　率(%)
河　南	63.80	180.76	43.72	45.99
湖　北	60.50	226.31	47.44	41.63
湖　南	68.25	207.62	41.58	45.72
广　东	60.85	397.79	44.63	40.29
广　西	61.40	197.84	45.10	43.69
海　南	56.00	384.99	63.06	29.50
重　庆	58.73	247.96	38.92	43.80
四　川	61.91	256.96	48.87	36.96
贵　州	63.21	257.26	54.85	36.91
云　南	59.26	191.57	55.00	27.78
陕　西	64.91	233.61	46.06	45.31
甘　肃	51.40	171.77	48.26	42.92
青　海	53.95	223.51	57.42	34.00
宁　夏	57.99	230.40	42.79	47.30
新　疆	56.61	200.29	38.55	46.95
西　藏	46.18	129.85	64.12	23.20

续表

商品收入比　率(%)	娱乐收入比　率(%)	餐　饮毛利率(%)	商　品毛利率(%)	娱　乐毛利率(%)
2.35	0.74	41.03	39.66	53.22
1.69	1.50	50.75	41.38	67.48
2.19	3.82	52.48	35.20	70.87
1.12	2.56	56.70	56.16	63.63
1.87	1.71	48.85	53.38	65.27
0.53	0.87	53.54	46.01	46.68
2.17	0.91	51.18	46.61	65.85
2.32	2.72	49.21	52.87	74.99
2.21	0.66	51.18	40.26	56.39
3.24	2.16	48.21	12.53	61.35
2.14	0.77	46.36	39.41	53.58
1.48	0.60	43.38	29.11	53.47
0.56	0.54	53.51	28.13	94.79
3.65	0.64	43.12	29.79	79.67
1.09	2.54	42.87	37.63	46.03
1.94	0.40	54.86	51.10	—

2010 年度全国旅游行业经济效益

地 区	平均客房出租率（%）	平均房价（元）	房费收入比 率（%）	餐饮收入比 率（%）
全 国	60.10	655.21	45.51	41.96
北 京	56.78	776.98	46.47	36.96
天 津	40.65	611.88	47.93	44.20
河 北	46.50	511.46	42.67	46.29
山 西	54.22	548.32	40.53	54.38
内蒙古	63.33	483.33	41.53	52.94
辽 宁	56.81	447.01	47.49	40.44
吉 林	53.34	811.34	48.23	41.91
黑龙江	69.86	761.60	57.21	38.04
上 海	67.93	1066.01	53.30	37.18
江 苏	61.01	517.25	39.71	47.53
浙 江	58.19	530.26	34.54	54.31
安 徽	62.21	437.89	46.42	41.14
福 建	64.90	511.02	40.82	43.38
江 西	65.74	380.17	47.31	36.51
山 东	56.43	574.59	42.41	42.09

评价补充财务指标表（五星级饭店）

商品收入比　率(%)	娱乐收入比　率(%)	餐　饮毛利率(%)	商　品毛利率(%)	娱　乐毛利率(%)
1.94	1.24	57.35	37.19	72.63
4.04	0.98	62.77	44.44	90.74
0.61	0.91	56.64	44.69	96.33
0.77	0.71	52.85	60.38	66.37
—	1.89	42.30	40.00	37.82
—	—	45.04	—	—
0.26	0.19	54.74	72.37	77.63
0.13	—	42.86	19.63	—
0.41	0.02	70.52	40.00	55.38
1.02	0.11	58.16	38.25	81.45
5.95	0.73	56.78	22.10	72.60
1.01	2.08	53.12	20.24	76.48
0.49	0.02	53.75	36.47	24.55
0.22	2.04	53.57	32.86	68.72
5.33	0.73	57.14	46.73	89.04
1.24	0.35	50.15	32.23	95.66

地　区	平均客房出租率(%)	平均房价(元)	房费收入比　率(%)	餐饮收入比　率(%)
河　南	58.18	372.29	42.19	38.72
湖　北	59.70	526.29	50.83	41.39
湖　南	61.18	485.99	35.36	51.71
广　东	61.73	659.96	43.17	42.12
广　西	62.27	423.55	42.65	45.31
海　南	57.87	1147.79	65.79	27.48
重　庆	62.77	454.55	40.03	47.43
四　川	50.56	671.53	54.53	35.40
贵　州	63.14	597.79	56.74	38.15
云　南	62.45	494.02	57.56	26.92
陕　西	62.30	594.16	55.55	40.01
甘　肃	38.33	486.01	52.80	37.03
青　海	70.94	624.58	82.77	13.15
宁　夏	32.92	746.41	55.52	29.86
新　疆	60.82	404.48	32.03	47.91
西　藏	—	—	—	—

续表

商品收入比率(%)	娱乐收入比率(%)	餐饮毛利率(%)	商品毛利率(%)	娱乐毛利率(%)
2.79	1.33	46.70	60.01	54.97
0.30	0.53	66.18	70.66	83.42
0.95	5.37	63.14	27.38	76.89
0.96	2.37	59.90	66.06	68.16
2.90	0.13	57.57	55.91	43.03
0.58	1.17	56.79	49.47	42.50
1.19	0.08	60.41	41.26	75.00
0.25	3.14	65.87	62.20	80.21
0.26	0.46	47.67	83.00	94.90
0.50	0.54	58.59	11.76	27.98
0.72	—	51.68	71.86	—
—	0.63	39.18	—	77.53
0.59	1.39	96.90	58.76	93.38
0.11	0.41	34.42	23.73	74.96
1.15	4.38	40.34	42.25	43.23
—	—	—	—	—

2010 年度全国旅游行业经济效益

地　区	平均客房出租率(%)	平均房价(元)	房费收入比　率(%)	餐饮收入比　率(%)
全　国	61.35	336.71	42.42	43.80
北　京	59.41	440.32	44.95	32.48
天　津	41.56	413.95	40.03	37.32
河　北	61.62	291.61	35.90	50.50
山　西	67.52	245.99	45.26	48.05
内蒙古	60.04	352.44	41.52	51.25
辽　宁	59.24	261.52	41.38	47.28
吉　林	57.17	280.68	37.64	54.98
黑龙江	51.66	438.28	62.43	30.28
上　海	69.49	561.79	53.91	30.89
江　苏	60.42	313.07	34.62	54.78
浙　江	64.20	376.27	35.17	53.01
安　徽	54.89	221.82	37.03	52.03
福　建	62.57	324.38	42.92	46.89
江　西	63.07	277.06	52.57	31.67
山　东	61.83	307.62	35.89	49.98

评价补充财务指标表（四星级饭店）

商品收入比率 (%)	娱乐收入比率 (%)	餐饮毛利率 (%)	商品毛利率 (%)	娱乐毛利率 (%)
1.94	1.67	49.26	37.34	73.23
1.74	0.96	57.59	39.61	87.93
8.03	0.66	52.96	13.25	96.22
2.87	2.03	45.31	52.42	74.26
0.97	1.67	43.94	53.82	73.53
—	3.09	47.26	—	79.44
0.99	0.44	48.73	65.04	95.65
0.76	0.78	47.53	48.98	78.22
1.86	1.24	44.57	48.87	58.91
1.65	0.59	62.25	15.88	76.74
1.58	1.62	45.58	33.17	80.67
1.94	1.83	46.13	40.01	78.85
3.23	0.59	51.40	67.29	52.35
0.82	3.88	42.99	41.85	58.33
1.07	0.50	49.11	28.07	92.32
4.28	0.90	45.24	36.96	85.17

地　区	平均客房出租率(%)	平均房价(元)	房费收入比　率(%)	餐饮收入比　率(%)
河　南	63.62	228.00	47.86	40.33
湖　北	57.95	280.13	46.65	40.50
湖　南	68.85	261.24	41.08	45.39
广　东	61.10	387.40	45.26	38.33
广　西	60.46	243.02	41.42	47.69
海　南	58.83	212.98	59.72	31.78
重　庆	63.30	253.49	40.40	45.61
四　川	63.01	323.14	51.09	33.13
贵　州	62.40	332.95	52.16	39.25
云　南	56.75	293.95	53.98	29.54
陕　西	62.66	258.79	43.36	46.24
甘　肃	48.06	271.27	49.26	40.37
青　海	47.15	305.03	37.74	50.07
宁　夏	67.12	222.51	41.89	49.16
新　疆	58.10	199.42	38.85	49.92
西　藏	35.98	320.16	59.74	37.79

续表

商品收入比率(%)	娱乐收入比率(%)	餐饮毛利率(%)	商品毛利率(%)	娱乐毛利率(%)
1.97	0.68	45.25	52.59	72.38
1.43	2.76	49.38	31.60	69.29
1.62	4.32	50.92	38.49	72.29
1.74	2.22	56.92	51.07	56.85
1.23	3.14	49.65	43.99	70.37
0.27	0.32	49.53	25.11	72.22
3.38	0.92	48.44	44.72	76.79
1.57	2.65	44.92	56.63	87.75
3.75	0.55	57.85	42.76	62.07
1.35	2.07	50.57	18.72	83.47
2.30	1.82	51.45	43.70	54.83
1.78	0.90	49.59	27.94	65.00
0.72	—	47.36	20.33	—
4.27	1.42	42.34	38.32	83.75
0.87	0.95	48.79	35.57	95.91
0.13	1.01	58.88	—	—

2010 年度全国旅游行业经济效益

地　区	平均客房出租率(%)	平均房价(元)	房费收入比　率(%)	餐饮收入比　率(%)
全　国	61.04	200.61	42.35	43.62
北　京	61.53	312.72	46.41	33.94
天　津	55.56	261.25	38.65	47.60
河　北	54.69	187.29	38.23	51.16
山　西	63.51	219.07	46.24	42.04
内蒙古	55.66	197.14	39.55	39.07
辽　宁	55.42	209.82	49.34	38.74
吉　林	52.07	201.89	42.65	43.42
黑龙江	47.58	217.34	64.88	26.21
上　海	64.74	372.56	51.79	31.90
江　苏	59.26	184.97	30.52	56.59
浙　江	62.15	229.50	36.15	49.84
安　徽	56.91	149.10	43.94	47.67
福　建	62.25	181.20	40.97	44.69
江　西	62.73	180.42	49.52	40.05
山　东	59.40	186.17	36.66	50.77

评价补充财务指标表（三星级饭店）

商品收入比率(%)	娱乐收入比率(%)	餐饮毛利率(%)	商品毛利率(%)	娱乐毛利率(%)
2.90	1.48	42.28	34.71	65.66
2.55	2.48	48.79	37.50	87.84
0.95	1.33	44.55	33.94	80.25
1.94	0.47	40.47	35.74	61.29
2.75	1.65	47.00	45.89	72.43
10.04	0.73	39.77	44.48	34.10
0.61	0.78	38.05	31.24	94.13
1.24	0.01	34.73	55.47	—
0.45	1.28	29.42	46.02	47.03
1.71	0.90	46.70	20.28	70.25
2.67	1.02	39.57	27.90	73.49
4.90	1.52	39.58	20.95	64.00
2.24	0.40	39.98	25.86	83.65
0.90	3.81	40.28	42.98	50.36
2.29	0.38	43.44	32.45	98.33
4.68	0.33	38.57	45.61	82.37

地　区	平均客房出租率(%)	平均房价(元)	房费收入比　率(%)	餐饮收入比　率(%)
河　南	63.65	161.81	41.66	51.22
湖　北	62.75	165.34	45.00	44.08
湖　南	68.14	162.35	45.04	42.96
广　东	60.47	235.46	44.80	39.47
广　西	64.46	128.05	47.80	40.96
海　南	55.21	116.54	55.48	36.16
重　庆	58.11	168.92	34.92	33.88
四　川	64.97	183.37	43.23	40.71
贵　州	61.24	166.52	57.31	31.04
云　南	59.81	139.52	60.87	24.83
陕　西	66.11	167.86	43.48	45.71
甘　肃	54.23	153.22	47.68	43.91
青　海	54.04	133.59	59.00	34.04
宁　夏	55.88	192.80	38.89	51.55
新　疆	53.41	118.22	53.20	41.78
西　藏	49.94	79.32	67.00	13.60

续表

商品收入比　率(%)	娱乐收入比　率(%)	餐　饮毛利率(%)	商　品毛利率(%)	娱　乐毛利率(%)
2.26	0.85	38.22	27.35	40.46
2.47	1.04	45.26	45.22	56.87
3.61	1.94	44.86	35.83	57.40
1.31	3.03	49.42	44.72	62.84
1.39	2.14	40.67	51.45	55.90
0.39	0.26	52.03	47.05	—
2.32	1.48	43.26	56.42	62.43
4.51	2.31	46.30	54.93	62.11
2.52	1.27	46.23	33.91	39.12
0.88	2.59	39.30	41.54	57.54
2.82	0.69	41.44	33.93	48.98
1.60	0.58	42.53	30.81	47.52
0.43	0.72	52.44	13.27	98.39
4.22	0.15	44.99	23.84	57.27
1.06	0.26	39.22	29.13	44.18
3.14	—	45.48	51.10	—

2010 年度全国旅游行业经济效益

地　区	平均客房出租率(%)	平均房价(元)	房费收入比　率(%)	餐饮收入比　率(%)
全　国	59.94	136.46	47.03	40.52
北　京	52.11	208.43	53.89	20.10
天　津	49.20	169.89	46.06	42.00
河　北	47.91	167.58	39.03	59.75
山　西	62.21	136.24	45.97	51.70
内蒙古	53.89	113.21	46.49	49.69
辽　宁	55.01	154.66	58.37	29.54
吉　林	45.87	116.93	46.81	46.66
黑龙江	57.72	137.09	50.71	43.74
上　海	67.53	256.49	53.33	29.34
江　苏	54.87	134.76	37.22	48.74
浙　江	59.58	166.70	41.53	44.26
安　徽	58.71	147.47	52.37	41.71
福　建	62.79	124.02	42.65	47.43
江　西	69.69	117.75	64.04	27.89
山　东	52.35	131.95	33.94	54.56

评价补充财务指标表（二星级饭店）

商品收入比率(%)	娱乐收入比率(%)	餐饮毛利率(%)	商品毛利率(%)	娱乐毛利率(%)
3.11	1.12	37.52	29.60	55.22
10.19	0.77	38.77	9.34	91.36
2.59	1.39	38.00	30.58	38.29
0.23	0.05	26.38	25.08	—
0.89	—	29.60	21.38	—
1.02	0.18	43.50	38.45	58.60
0.31	—	55.36	66.58	—
—	—	27.50	—	—
0.79	0.05	39.99	27.17	86.02
1.90	0.58	38.30	12.09	93.96
2.16	0.95	32.35	21.62	44.16
4.50	1.59	33.97	28.15	52.88
0.93	0.01	40.15	21.39	—
2.85	0.76	40.58	47.38	27.02
0.83	1.16	31.06	27.54	86.32
3.40	0.24	39.31	49.96	29.13

地　区	平均客房出租率(%)	平均房价(元)	房费收入比　率(%)	餐饮收入比　率(%)
河　南	63.23	110.23	39.29	50.81
湖　北	59.97	125.42	52.56	37.14
湖　南	70.37	113.81	52.37	36.98
广　东	64.37	196.75	55.80	24.42
广　西	59.19	110.82	59.60	27.26
海　南	42.28	102.80	44.87	36.00
重　庆	50.01	119.70	43.19	41.12
四　川	62.91	139.90	44.79	42.15
贵　州	61.63	118.85	49.46	43.40
云　南	61.38	81.06	51.81	32.83
陕　西	66.45	123.36	42.66	48.92
甘　肃	50.28	91.69	42.64	50.11
青　海	53.42	94.60	84.80	5.70
宁　夏	86.60	141.66	100.00	—
新　疆	56.92	105.30	63.08	31.87
西　藏	—	—	—	—

续表

商品收入比　率(%)	娱乐收入比　率(%)	餐　饮毛利率(%)	商　品毛利率(%)	娱　乐毛利率(%)
3.51	0.05	38.56	36.39	78.14
3.18	0.49	35.46	39.81	57.91
3.61	1.93	40.30	36.45	61.82
0.03	0.56	48.81	74.46	83.60
3.03	0.58	31.65	57.34	39.65
0.18	2.93	48.05	40.95	59.98
3.01	2.54	49.57	30.30	70.57
3.35	2.65	39.10	42.04	52.60
0.84	—	37.80	19.80	—
2.97	4.49	40.44	34.49	49.09
3.39	0.09	42.04	33.58	50.00
1.61	0.15	36.05	24.29	51.04
—	—	35.42	—	—
—	—	—	—	—
0.21	0.08	28.08	—	—
—	—	—	—	—

2010 年度全国旅游行业经济效益

地　区	平均客房出租率(%)	平均房价(元)	房费收入比　率(%)	餐饮收入比　率(%)
全　国	61.60	110.21	39.92	34.48
北　京	85.09	206.24	85.73	13.08
天　津	50.03	103.71	31.71	68.29
河　北	51.66	98.25	29.94	47.02
山　西	74.01	108.47	95.29	4.71
内蒙古	54.74	84.98	61.49	38.31
辽　宁	51.13	178.90	40.96	42.16
吉　林	—	—	—	—
黑龙江	—	—	71.17	28.83
上　海	80.02	125.88	77.87	21.12
江　苏	—	—	—	—
浙　江	60.31	133.48	32.42	58.93
安　徽	49.30	89.27	78.48	—
福　建	92.09	44.75	20.25	59.07
江　西	63.57	102.50	100.00	—
山　东	52.47	56.35	37.36	21.69

评价补充财务指标表（一星级饭店）

商品收入比率(%)	娱乐收入比率(%)	餐饮毛利率(%)	商品毛利率(%)	娱乐毛利率(%)
21.67	—	45.81	5.07	—
1.16	—	30.89	23.54	—
—	—	59.94	—	—
15.90	—	46.78	14.71	—
—	—	17.00	—	—
—	—	80.77	—	—
—	—	43.62	—	—
—	—	—	—	—
—	—	9.80	—	—
1.01	—	56.49	4.72	—
—	—	—	—	—
4.34	—	47.59	13.87	—
3.67	—	—	52.33	—
20.68	—	39.14	30.16	—
—	—	—	—	—
3.90	—	55.56	60.00	—

地　区	平均客房出租率(%)	平均房价(元)	房费收入比　率(%)	餐饮收入比　率(%)
河　南	71.03	125.74	57.98	29.59
湖　北	65.52	97.75	70.42	27.69
湖　南	65.45	85.28	74.89	25.11
广　东	—	—	—	—
广　西	—	—	—	—
海　南	34.24	73.52	84.84	—
重　庆	57.84	74.11	43.20	43.25
四　川	70.33	99.81	74.21	20.71
贵　州	—	—	—	—
云　南	51.53	125.94	17.76	19.31
陕　西	—	—	—	—
甘　肃	75.78	80.34	51.13	48.87
青　海	—	—	—	—
宁　夏	—	—	—	—
新　疆	79.88	90.49	33.38	55.29
西　藏	—	—	—	—

续表

商品收入比　率(%)	娱乐收入比　率(%)	餐　饮毛利率(%)	商　品毛利率(%)	娱　乐毛利率(%)
4.97	—	—	—	—
—	—	59.24	—	—
—	—	50.37	16.67	—
—	—	—	—	—
—	—	—	—	—
—	—	—	—	—
8.65	—	41.76	30.30	—
2.55	—	45.78	26.03	—
—	—	—	—	—
60.78	—	29.85	3.19	—
—	—	—	—	—
—	—	37.87	—	—
—	—	—	—	—
—	—	—	—	—
7.01	—	51.33	12.51	—
—	—	—	—	—

2010 年度全国旅游行业经济效益

地　区	平均客房出租率(%)	平均房价(元)	房费收入比　率(%)	餐饮收入比　率(%)
全　国	62.64	323.47	52.40	38.59
北　京	50.42	533.61	32.84	32.06
天　津	39.86	174.00	13.85	72.73
河　北	71.83	280.55	41.94	39.14
山　西	—	—	—	—
内蒙古	28.57	164.60	100.00	—
辽　宁	64.33	459.40	46.98	44.88
吉　林	45.85	227.69	93.75	5.29
黑龙江	66.69	242.44	33.68	42.51
上　海	69.46	397.08	67.15	26.59
江　苏	55.08	274.09	36.90	54.05
浙　江	56.92	360.29	40.72	48.81
安　徽	60.56	203.93	28.64	44.63
福　建	66.13	307.36	51.28	45.67
江　西	50.00	123.13	100.00	—
山　东	64.58	231.85	36.93	51.49

评价补充财务指标表（未评星级饭店）

商品收入比率(%)	娱乐收入比率(%)	餐饮毛利率(%)	商品毛利率(%)	娱乐毛利率(%)
0.82	1.50	52.09	43.49	74.94
2.79	2.37	65.78	55.41	90.67
—	—	85.91	—	—
4.98	5.15	25.27	37.90	97.60
—	—	—	—	—
—	—	—	—	—
3.52	0.01	55.32	85.26	—
—	—	47.29	—	—
0.88	—	49.29	19.70	—
0.54	0.51	57.96	52.66	90.66
0.29	2.98	52.64	26.90	81.33
1.91	0.86	48.46	36.07	89.97
7.10	8.57	38.30	16.65	58.35
0.13	0.35	53.58	29.50	65.84
—	—	—	—	—
0.67	0.70	44.33	49.96	50.00

地　区	平均客房出租率(%)	平均房价(元)	房费收入比　率(%)	餐饮收入比　率(%)
河　南	90.46	162.39	61.29	32.37
湖　北	56.15	118.20	42.34	40.60
湖　南	84.37	120.29	33.87	46.58
广　东	58.04	314.82	46.97	41.57
广　西	47.42	188.58	51.86	43.12
海　南	49.42	248.22	61.61	30.38
重　庆	48.96	232.94	39.28	55.38
四　川	54.84	232.17	51.48	35.24
贵　州	75.97	192.08	54.85	40.16
云　南	54.15	170.29	57.16	23.61
陕　西	66.02	151.42	34.46	63.44
甘　肃	57.10	133.66	62.09	31.92
青　海	40.90	106.60	77.31	8.38
宁　夏	—	—	—	—
新　疆	39.81	146.90	47.17	41.49
西　藏	—	—	—	—

续表

商品收入比 率(%)	娱乐收入比 率(%)	餐 饮毛利率(%)	商 品毛利率(%)	娱 乐毛利率(%)
—	—	—	—	—
2.42	2.03	47.67	51.69	70.28
0.14	13.52	36.17	22.00	61.31
0.17	3.87	53.45	65.65	63.83
1.01	0.44	43.36	86.08	57.53
1.07	0.76	49.37	36.34	66.88
0.41	1.68	41.50	36.43	51.50
0.77	3.86	49.31	35.65	84.82
0.42	—	47.28	15.52	—
0.98	1.35	62.66	45.31	43.44
1.04	0.87	40.32	19.45	—
0.01	—	48.92	—	—
—	—	46.47	—	—
—	—	—	—	—
4.64	1.49	58.70	34.78	56.48
—	—	—	—	—

2010 年度全国旅游行业经济效益

地　区	景区门票收入比率(%)	景区餐饮收入比率(%)	景区商品收入比率(%)	景区娱乐收入比率(%)
全　国	59.56	8.28	7.51	3.39
北　京	74.75	4.26	1.70	9.76
天　津	81.49	0.71	2.25	6.07
河　北	85.72	5.30	1.16	—
山　西	62.19	—	—	—
内蒙古	23.84	49.38	4.44	5.31
辽　宁	84.01	5.99	4.41	0.19
吉　林	61.15	14.54	7.00	6.66
黑龙江	49.86	13.03	1.79	1.42
上　海	63.36	3.54	6.76	12.87
江　苏	54.54	5.12	4.13	0.27
浙　江	65.19	7.71	4.09	0.94
安　徽	78.29	11.09	2.36	1.30
福　建	63.45	4.97	2.24	0.93
江　西	16.29	21.61	23.71	20.87
山　东	77.29	3.06	5.38	0.25

评价补充财务指标表（全部旅游景区）

其他旅游收入比率(%)	景区餐饮收入毛利率(%)	景区商品收入毛利率(%)	景区娱乐收入毛利率(%)	平均门票价格(元)
21.26	41.74	44.51	54.50	29.58
9.53	55.48	51.89	87.70	24.88
9.48	91.63	39.37	77.30	42.98
7.82	42.63	36.64	—	18.83
37.81	53.92	57.43	—	9.59
17.03	51.42	39.02	68.56	15.67
5.40	31.67	81.99	—	8.83
10.65	40.50	39.44	53.62	31.91
33.90	33.48	58.08	63.48	21.63
13.47	48.63	46.75	50.09	44.17
35.94	34.86	29.83	41.87	20.29
22.07	36.61	67.63	34.67	25.91
6.96	41.89	22.77	62.17	32.38
28.41	35.81	45.37	49.44	35.99
17.52	35.42	40.00	70.88	20.21
14.02	37.11	53.91	66.94	39.36

地　区	景区门票收入比率(%)	景区餐饮收入比率(%)	景区商品收入比率(%)	景区娱乐收入比率(%)
河　南	68.23	9.74	2.58	4.68
湖　北	76.81	8.72	1.39	1.15
湖　南	44.37	2.29	37.94	0.50
广　东	48.89	9.73	8.15	1.61
广　西	78.74	4.83	1.10	1.89
海　南	67.54	8.58	14.04	0.24
重　庆	63.15	9.15	2.24	0.21
四　川	58.75	20.48	4.63	4.30
贵　州	69.60	7.64	4.98	0.18
云　南	62.84	4.98	3.08	0.11
陕　西	84.14	5.12	2.53	0.57
甘　肃	10.85	7.27	2.17	5.81
青　海	69.17	23.98	—	—
宁　夏	48.36	11.64	2.45	10.41
新　疆	60.52	27.79	1.43	0.86
西　藏	—	—	—	—

续表

其他旅游收入比率(%)	景区餐饮收入毛利率(%)	景区商品收入毛利率(%)	景区娱乐收入毛利率(%)	平均门票价格(元)
14.77	30.45	22.98	45.50	31.73
11.93	45.39	32.92	64.11	8.89
14.90	45.30	31.11	23.54	37.51
31.62	51.19	49.60	39.94	65.23
13.44	31.72	47.91	58.81	27.64
9.60	60.05	39.74	—	34.82
25.25	19.91	51.79	26.80	35.56
11.84	43.36	59.65	28.37	22.02
17.60	32.42	37.96	55.33	41.58
28.99	37.98	63.83	69.84	31.11
7.64	35.12	66.11	27.21	37.24
73.90	24.33	15.57	30.13	20.09
6.85	72.30	—	—	10.66
27.14	54.82	77.22	62.05	30.40
9.40	34.09	35.41	60.43	42.26
—	—	—	—	—

2010 年度全国旅游行业经济效益

地　区	景区门票收入比率(%)	景区餐饮收入比率(%)	景区商品收入比率(%)	景区娱乐收入比率(%)
全　国	59.92	9.82	3.77	1.93
北　京	89.04	2.00	0.27	0.42
天　津	—	—	—	—
河　北	76.95	7.90	2.18	—
山　西	51.79	—	—	—
内蒙古	19.04	53.27	4.86	5.77
辽　宁	84.85	6.31	4.64	0.20
吉　林	41.33	20.22	7.29	11.27
黑龙江	44.47	12.52	0.33	0.38
上　海	49.56	6.43	1.23	8.71
江　苏	61.84	13.40	7.52	0.40
浙　江	81.58	4.23	0.45	0.10
安　徽	70.22	13.85	3.61	2.16
福　建	78.78	6.89	2.12	1.39
江　西	97.64	0.12	—	—
山　东	77.41	4.81	1.27	0.43

评价补充财务指标表（自然类旅游景区）

其他旅游收入比率(%)	景区餐饮收入毛利率(%)	景区商品收入毛利率(%)	景区娱乐收入毛利率(%)	平均门票价格(元)
24.56	40.95	39.73	44.85	23.86
8.27	43.51	45.66	84.88	29.75
—	—	—	—	26.04
12.97	38.75	33.00	—	12.54
48.21	53.92	57.43	—	4.66
17.06	51.28	39.02	69.52	17.15
4.00	31.67	—	—	8.79
19.89	26.23	36.06	50.00	26.74
42.30	37.69	78.50	65.06	22.10
34.07	40.22	10.76	20.70	14.62
16.84	38.49	33.71	48.90	14.67
13.64	42.35	22.38	64.25	22.08
10.16	34.19	19.36	62.17	28.38
10.82	34.66	47.27	49.44	40.83
2.24	—	40.00	—	28.11
16.08	35.69	42.98	66.94	33.61

地　区	景区门票收入比率(%)	景区餐饮收入比率(%)	景区商品收入比率(%)	景区娱乐收入比率(%)
河　南	63.73	6.56	3.06	7.83
湖　北	71.62	11.12	1.72	1.08
湖　南	67.41	4.39	0.48	1.07
广　东	21.11	11.13	11.35	1.36
广　西	78.41	4.16	0.95	2.01
海　南	73.13	10.58	4.85	0.30
重　庆	69.36	6.68	1.77	0.32
四　川	55.26	25.06	2.47	3.48
贵　州	65.43	8.58	—	0.27
云　南	51.65	6.99	4.23	0.15
陕　西	81.21	7.67	0.76	1.52
甘　肃	26.70	22.78	1.40	10.57
青　海	89.55	—	—	—
宁　夏	37.49	4.16	2.30	10.91
新　疆	35.72	42.61	0.71	2.02
西　藏	—	—	—	—

续表

其他旅游收入比率(%)	景区餐饮收入毛利率(%)	景区商品收入毛利率(%)	景区娱乐收入毛利率(%)	平均门票价格(元)
18.82	35.51	30.94	45.50	32.11
14.46	44.72	32.92	64.11	6.05
26.65	43.42	32.37	18.39	48.17
55.05	43.71	42.08	34.66	28.08
14.47	31.19	49.67	62.71	28.49
11.14	60.05	59.67	—	41.35
21.87	26.34	53.16	71.68	32.42
13.73	36.46	22.91	31.29	41.83
25.72	38.58	—	55.33	30.49
36.98	40.40	65.55	69.84	31.22
8.84	35.12	36.94	33.57	26.86
38.55	22.26	22.06	31.22	20.94
10.45	—	—	—	22.08
45.14	15.15	96.56	56.09	31.36
18.94	21.75	34.70	60.43	26.91
—	—	—	—	—

2010 年度全国旅游行业经济效益

地　区	景区门票收入比率(%)	景区餐饮收入比率(%)	景区商品收入比率(%)	景区娱乐收入比率(%)
全　国	66.86	8.03	9.61	4.75
北　京	78.98	0.89	0.79	13.94
天　津	99.63	—	0.22	—
河　北	98.99	—	—	—
山　西	66.96	—	—	—
内蒙古	69.98	12.69	0.65	1.29
辽　宁	—	—	—	—
吉　林	38.90	61.10	—	—
黑龙江	100.00	—	—	—
上　海	—	—	—	—
江　苏	78.25	0.72	0.28	—
浙　江	66.86	9.83	7.81	—
安　徽	92.18	5.26	—	—
福　建	90.56	6.93	—	—
江　西	3.59	31.05	35.21	22.90
山　东	77.33	2.68	18.82	—

评价补充财务指标表（文物类旅游景区）

其他旅游收入比率(%)	景区餐饮收入毛利率(%)	景区商品收入毛利率(%)	景区娱乐收入毛利率(%)	平均门票价格(元)
10.75	53.99	64.16	69.63	24.77
5.40	25.96	61.43	82.53	32.96
0.15	—	41.59	—	2.29
1.01	—	—	—	9.96
33.04	—	—	—	23.45
15.39	34.96	28.40	7.69	22.81
—	—	81.99	—	5.51
—	60.13	—	—	21.46
—	—	—	—	29.96
100.00	—	—	—	—
20.75	40.00	42.23	—	22.80
15.50	53.68	37.80	—	14.12
2.56	68.92	—	—	55.50
2.51	60.59	—	—	16.87
7.25	—	—	—	12.97
1.17	45.41	56.21	—	52.22

地　区	景区门票收入比率(%)	景区餐饮收入比率(%)	景区商品收入比率(%)	景区娱乐收入比率(%)
河　南	92.38	—	0.04	—
湖　北	95.91	—	0.41	—
湖　南	91.44	1.98	0.89	—
广　东	62.29	13.84	12.02	—
广　西	92.79	—	0.02	—
海　南	—	—	—	—
重　庆	86.08	5.14	2.85	—
四　川	28.36	—	71.64	—
贵　州	—	—	—	—
云　南	76.91	4.36	0.22	—
陕　西	85.32	3.90	3.93	—
甘　肃	3.50	2.21	2.52	4.49
青　海	100.00	—	—	—
宁　夏	91.63	3.12	0.16	3.50
新　疆	98.89	—	—	—
西　藏	—	—	—	—

续表

其他旅游收入比率(%)	景区餐饮收入毛利率(%)	景区商品收入毛利率(%)	景区娱乐收入毛利率(%)	平均门票价格(元)
7.58	—	—	—	21.47
3.68	—	—	—	18.99
5.69	48.84	57.66	49.44	16.57
11.85	74.80	77.54	—	35.13
7.19	—	—	—	37.91
—	—	—	—	—
5.93	54.96	92.27	—	45.10
—	—	90.34	—	8.58
—	—	—	—	—
18.51	90.85	35.30	—	18.96
6.85	—	86.36	—	57.45
87.28	30.00	15.00	30.00	24.38
—	—	—	—	6.74
1.59	45.88	51.55	46.85	41.64
1.11	—	—	—	57.56
—	—	—	—	—

2010 年度全国旅游行业经济效益

地　区	景区门票收入比率(%)	景区餐饮收入比率(%)	景区商品收入比率(%)	景区娱乐收入比率(%)
全　国	57.15	6.81	10.68	4.47
北　京	56.21	7.95	3.70	19.91
天　津	52.33	1.86	5.52	15.81
河　北	88.40	4.83	0.76	—
山　西	100.00	—	—	—
内蒙古	58.76	17.67	—	—
辽　宁	68.65	—	—	—
吉　林	83.23	4.36	7.39	2.66
黑龙江	65.71	15.20	6.65	4.87
上　海	64.96	3.21	7.40	13.35
江　苏	42.37	2.52	3.80	0.30
浙　江	56.89	9.15	5.39	1.48
安　徽	78.35	14.06	2.97	0.78
福　建	24.69	0.33	2.82	—
江　西	6.20	3.50	—	27.65
山　东	77.13	0.79	5.78	0.10

评价补充财务指标表（主题类旅游景区）

其他旅游收入比率(%)	景区餐饮收入毛利率(%)	景区商品收入毛利率(%)	景区娱乐收入毛利率(%)	平均门票价格(元)
20.89	42.10	43.99	58.93	41.80
12.23	59.39	51.87	89.02	19.01
24.48	91.63	39.23	77.30	69.24
6.01	43.01	53.15	—	39.19
—	—	—	—	71.01
23.57	69.04	—	—	2.66
31.35	—	—	—	11.76
2.36	68.00	42.76	65.20	129.22
7.57	10.83	54.95	63.04	20.40
11.08	50.35	48.14	52.32	51.39
51.01	19.17	24.45	35.29	29.93
27.09	32.24	76.96	33.66	35.14
3.84	45.15	42.01	—	22.48
72.16	—	36.58	—	44.34
62.65	35.42	—	70.88	6.49
16.20	37.13	52.91	—	41.20

地　区	景区门票收入比率(%)	景区餐饮收入比率(%)	景区商品收入比率(%)	景区娱乐收入比率(%)
河　南	64.18	20.58	2.99	1.27
湖　北	95.39	—	—	2.94
湖　南	10.10	0.15	85.31	—
广　东	71.50	8.32	5.24	1.92
广　西	74.29	12.61	2.80	1.94
海　南	43.54	—	53.46	—
重　庆	37.48	17.38	3.28	—
四　川	62.13	18.73	2.90	4.97
贵　州	77.80	5.78	14.76	—
云　南	89.14	—	0.56	—
陕　西	92.37	—	—	—
甘　肃	61.01	6.41	—	—
青　海	39.38	57.31	—	—
宁　夏	23.38	50.53	6.35	18.72
新　疆	78.34	17.24	1.99	—
西　藏	—	—	—	—

续表

其他旅游收入比率(%)	景区餐饮收入毛利率(%)	景区商品收入毛利率(%)	景区娱乐收入毛利率(%)	平均门票价格(元)
10.98	25.36	15.71	—	45.26
1.67	54.33	—	—	40.59
4.44	52.15	30.95	48.00	57.66
13.02	64.22	55.41	58.92	88.97
8.36	33.45	34.75	26.55	19.25
3.00	—	31.99	—	16.28
41.86	19.11	43.49	25.00	43.57
11.27	48.23	46.85	27.25	16.00
1.66	14.46	37.96	—	66.81
10.30	8.58	60.46	—	33.67
7.63	—	—	13.24	18.66
32.58	19.87	—	—	10.68
3.31	72.30	—	—	—
1.02	81.26	53.44	75.84	10.67
2.43	56.84	35.60	—	55.14
—	—	—	—	—

责任编辑：王建华　王　军

责任印制：冯冬青

图书在版编目（CIP）数据

2011中国旅游财务信息年鉴/中华人民共和国国家旅游局编. --北京：中国旅游出版社，2011.8

ISBN 978-7-5032-4247-2

Ⅰ.①2… Ⅱ.①中… Ⅲ.①旅游业-财务信息-中国-2010-年鉴 Ⅳ.①F592.6-54

中国版本图书馆CIP数据核字（2011）第175674号

书　　名：2011中国旅游财务信息年鉴

编　　者：中华人民共和国国家旅游局

出版发行：中国旅游出版社

（北京建国门内大街甲9号　邮编：100005）

http://www.cttp.net.cn　E-mail：cttp@cnta.gov.cn

发行部电话：010-85166503

排　　版：北京中文天地文化艺术有限公司

印　　刷：北京华联印刷有限公司

版　　次：2011年8月第1版　2011年8月第1次印刷

开　　本：787毫米×1092毫米　1/16

印　　张：10

印　　数：7000册

字　　数：200千

定　　价：68.00元

I S B N　978-7-5032-4247-2